本教材受榆林学院2024年教材建设项目基金（JC2429）资助

适用于文科类相关专业

文献阅读与论文写作

张建华 主编

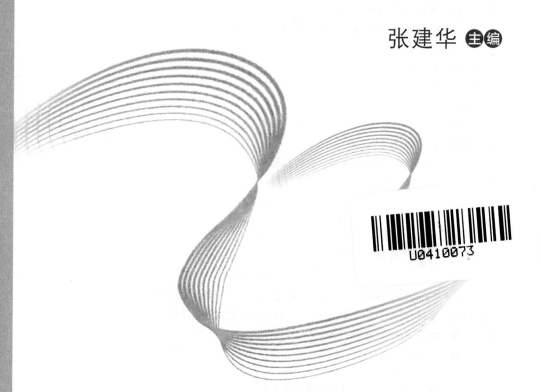

西安交通大学出版社
XI'AN JIAOTONG UNIVERSITY PRESS

图书在版编目(CIP)数据

文献阅读与论文写作 / 张建华主编. -- 西安 : 西安交通大学出版社, 2024.10. -- ISBN 978-7-5693-1906-4

Ⅰ.H152.3

中国国家版本馆 CIP 数据核字第 202462DQ25 号

书　　　名	文献阅读与论文写作 WENXIAN YUEDU YU LUNWEN XIEZUO
主　　编	张建华
责任编辑	张　娟
责任校对	牛瑞鑫
封面设计	伍　胜
出版发行	西安交通大学出版社 (西安市兴庆南路1号　邮政编码710048)
网　　址	http://www.xjtupress.com
电　　话	(029)82668357　82667874(市场营销中心) (029)82668315(总编办)
传　　真	(029)82668280
印　　刷	西安五星印刷有限公司
开　　本	720mm×1000mm　1/16　　印张　13.5　　字数　210千字
版次印次	2024年10月第1版　　2024年10月第1次印刷
书　　号	ISBN 978-7-5693-1906-4
定　　价	42.00元

如发现印装质量问题,请与本社市场营销中心联系。
订购热线:(029)82665248　(029)82667874
投稿热线:(029)82668525

版权所有　侵权必究

前言
PREFACE

  大学生在毕业时要以论文的形式为自己所学的专业知识做一个系统性总结。对熟悉学术研究的人而言，8000～10000字的论文，无异于顺手炒了一道家常菜，但对初涉学术的本科生而言，如何查阅文献，如何确定论文题目，如何进行田野研究，如何筛选材料，如何写作等一系列问题，都是那么陌生。就像一群又冷又饿的人，在茫茫森林中，遍地柴火，却不知哪些可以钻木取火。

  简单来说，学术是指有系统的、专门的学问，学术论文则是相关人员对某一学术问题的科学阐述。有些学生根本不知道学术论文是何物。在选题阶段，他们提交的题目有的范围过大且研究对象不明确，有的则范围过小无法展开。如有的学生选择的题目为《〈甄嬛传〉中的诗词曲艺研究》，提交的提纲显示其先要介绍诗词的发展史，还要介绍曲艺的发展史，其他内容暂且不提，光这两个部分任意一部分都可以写成数十万字的皇皇巨著，于本科生而言，显然范围过大需要缩小范围；又有学生的论文题目为《部编版初中语文课本中的新闻教学研究》，但部编版初中语文课本中与新闻相关的教学材料寥寥无几,要想开展相关研究几乎不可能。好不容易确定了题目范围,由于日常缺乏专门的论文读写训练,高质量的论文初稿也比较鲜见。学生提交给老师的初稿五花八门,有的写成了口语化的议论文,"我认为""我发现""我被深深感动了""我得出一个启迪"这样的语言比比皆是,或者有的写成了散文,有的写成了读书心得,有的写成了几个部分各自为政的四不像……

如何为大量的文科学生进行科研启蒙和科研过程训练,确保学生写好本科毕业论文,做好本科和硕士之间的科研衔接,同时为硕士毕业论文写作奠定基础,是摆在各高校本科毕业论文指导教师面前一个很严肃的课题。

本教材编写的初衷,便是为学生提供一本通俗易懂的文科论文写作教程,旨在为文科大学生提供科研入门服务,也期望能够为论文指导教师提供微弱的助力。

教材在编写过程中得到了樊文军、冯涛、张丽文等领导、同事的鼓励、帮助,申巧明、白万花和党裕如也参与了部分内容的校对工作,在此谨表谢忱。本书在编写过程中引用了相关研究者的研究成果,在此一并表示衷心感谢。

由于种种主客观条件及笔者学识所限,本教材的缺漏之处在所难免,尚祈有关专家、学者和广大读者不吝赐教。

张建华
2024 年 8 月

目 录
CONTENTS

第一章 科研须知 ……………………………………………… 1
　第一节 努力提升个人素养 ……………………………………… 1
　第二节 师生沟通与心理调适 …………………………………… 4
　第三节 科研进度 ………………………………………………… 9

第二章 如何确定题目 ………………………………………… 14
　第一节 前期准备工作 …………………………………………… 14
　第二节 选题常见失误 …………………………………………… 19
　第三节 选题原则 ………………………………………………… 24

第三章 如何搜集、阅读文献 ………………………………… 27
　第一节 搜集、阅读文献的规则 ………………………………… 27
　第二节 文献搜集整理的途径 …………………………………… 31
　第三节 中国知网查询 …………………………………………… 36
　第四节 读秀学术搜索 …………………………………………… 43
　第五节 古籍检索 ………………………………………………… 47
　第六节 如何进行田野研究 ……………………………………… 51

第七节　如何阅读文献 …………………………………… 58

　　第八节　交互式实操训练 …………………………………… 62

第四章　如何设置章节及撰写开题报告 ……………………… 66

　　第一节　如何画出思维导图 ………………………………… 66

　　第二节　如何设置章节 ……………………………………… 71

　　第三节　如何撰写开题报告 ………………………………… 77

第五章　如何撰写、发表论文 ………………………………… 86

　　第一节　发现问题与提炼观点 ……………………………… 86

　　第二节　如何撰写论文 ……………………………………… 91

　　第三节　如何修改和发表论文 …………………………… 108

第六章　如何撰写科研项目申报书 ………………………… 121

　　第一节　科研项目的分类 ………………………………… 121

　　第二节　课题申报注意事项 ……………………………… 123

参考文献 ……………………………………………………… 136

附录一　论文提纲示例三则 ………………………………… 139

附录二　优秀论文示例 ……………………………………… 143

附录三　学术出版规范　注释(CY/T 121—2015)节选 …… 167

附录四　学术出版规范　引文(CY/T 122—2015) ………… 173

附录五　信息与文献　参考文献著录规则(GB/T 7714—2015)节选
　　　　　………………………………………………………… 178

第一章　科研须知

做学术不但要有把冷板凳坐穿的坚韧,还必须要有一种清醒的认识:个人综合素养是决定学术研究进程的首要因素,而与导师、其他社会角色的良好沟通也会是学术研究较为有效的催化剂。因此,我们不但要努力提高个人综合素养,还要正确处理各类社会关系,使我们的科研之路更加顺畅。

此外,应合理设置自己的科学研究计划,张弛有度,既要深钻科研,也要力耕生活,从生活的乐趣中汲取力量去攻克科学的难关,使我们的学习和生活保持平衡。

第一节　努力提升个人素养

研究者的综合素养对科学研究有着十分重要的意义,这不但决定着科研之路能否顺利开启,还决定着其在科学研究的路上能走多远。

大学生是祖国的未来和民族的希望,不仅要志存高远,更要有服务祖国和人民的本领,要想梦想成真,就必须脚踏实地,努力提升个人素养。

一、个人素养的含义

素养是指一个人的修养,从广义上讲,包括道德品质、外表形象、知识水平与能力等各个方面。

如今,人的素养的含义大为扩展,包括思想政治素养、文化素养、业务素养、身心素养等各个方面。学生发展的核心素养,主要指学生应具备的,能够适应终身发展和社会发展需要的必备品格和关键能力,亦是指个人在政治思想、道德品质和知识技能等方面,经过长期锻炼、学习所达到的一定水平。个人素养可以通过后天培育、自我学习得以提升。

二、个人素养的分类

(一)政治素养

政治素养是大学生最基本的素养,只有具备深厚的家国情怀,时刻把国家和集体的利益放在首位,才会有努力学习、深钻科研的强大精神动力,才能够在科研难题面前百折不挠,勇往直前。

当代青年应该紧跟时代脚步,加强政治理论学习,在不断提高科学文化知识水平的同时,必须充分认识祖国的国情、悠久的历史文化,继承中华民族的传统美德,激发自身的爱国主义情感,明确自己的社会责任,树立崇高的理想与信念,把全心全意为人民服务作为自己的行动指南。只有树立正确的世界观、人生观、价值观,才能在纷繁复杂的现实生活中保持清醒的头脑,明辨是非,把握人生的方向,才能正确对待成长道路上所面临的各种境遇,不断排除成长道路上的阻碍,勇往直前。

（二）道德素养

人无德则不立。如果没有意识到提高道德素养的重要性，我们在世间的生存就会变得无比艰难，也交不到真心的朋友。大学生的道德素养与国家的前途、民族的命运和自我的发展密切相关，提高当代大学生的道德素养，将有助于建设和谐文明的社会，有益于国家的发展和进步。

提高道德素养是一项艰巨的、长期的任务。想要使自己具有高尚的道德情操，就必须善于总结提高，狠下功夫。提高道德修养贵在自觉，贵在实践。大学生正处在人生观、价值观形成的关键时期，可以先确定自己学习的榜样，进而从榜样中汲取力量，达到更高的思想境界。"榜样的力量是无穷的"，要学习的先进人物，可以是历史上的，也可以是现实生活中的。

（三）知识技能

当代大学生除了要提高政治站位、涵育道德素养外，还必须有过硬的知识技能，如此才能在科研工作中得心应手。

大学生除了要大量、广泛地涉猎各个门类的基本知识外，还要勤于实践，以获取"最接地气"的知识。"纸上得来终觉浅，绝知此事要躬行。"这句话充分说明了社会实践的重要性，提醒我们在掌握科学理论知识的同时应加强社会实践。大学生要走出校园，走出课堂，走向社会这个大课堂，积极参加社会实践、志愿服务等一系列的实践活动，为个人的成长进步、为将来的事业发展奠定良好的基础，通过实践增强自身的社会责任感和历史使命感，奉献自己的爱心，增加自己的社会经验与阅历，进一步提高自身觉悟，开阔自己的视野，在实践中自我教育、自我管理、自我服务、自我规范、自我完善，提高知识技能。

此外，我们还需注意保持心理健康，因为一旦心理失衡，人生就可能失去支撑力，科研工作也将失去活力和动力。

只有在政治方向正确、道德素养深厚、知识技能过硬、心理健康达标的情况下，我们的科研工作才能顺利推进。

第二节　师生沟通与心理调适

良好的沟通一方面能使我们心情愉悦，一方面能帮我们争取更多的外部援助，从而有效促进科研的顺利开展。

一、本科生与毕业论文指导老师的沟通

本科生的论文选题和指导老师一般是同时确定的，确定时间一般是大四上半学期10月底，与此同时，学校已经完成了学生毕业论文选题预报工作，在宣布学生和指导老师互选名单时，学生预报的选题已经进入列表，在列表上，学校会列出老师和被指导学生的联系方式。这一程序各个学校可能会有所不同，可以向高年级的同学或辅导员等咨询，以便获知自己就读院校的具体情况。

在获取老师的联系方式之后，学生一般要通过如下程序与老师及时沟通，完成论文写作。

（一）尽快联系指导老师

学生要尽快联系指导老师，添加老师微信或QQ，争取以最快速度确定研

究主题,开展研究。

指导老师在添加全部需要辅导的学生的微信或QQ后,一般会建立当年毕业论文辅导群,以方便随时为全体学生发送有用的电子资料、学院通知,随时督促、检查论文写作进度及写作质量等。

学生须关注辅导群信息,以免错过重要的文献资料、关键的时间节点和必要的辅导程序。

(二)汇报自己的选题初衷

学生与指导老师取得联系以后,第一步就是与指导老师约定时间面谈,或者向指导老师提交电子文案等,向指导老师汇报自己的选题初衷及可能涉及的研究内容。如果是面谈,要事先做些准备,有条理、清晰地向老师描述,绝不能天马行空一通乱说。

老师会根据学生的汇报对选题进行综合判断,让学生在此基础上确定题目,并与学生初步商定论文的主体结构。

(三)提交论文提纲

接下来学生根据自己与指导老师商定的情况查询相关文献,尽快拟订论文提纲,并将其发送给论文指导老师。需要注意的是,提纲可以是纸质的,也可以是能编辑的电子文档,以方便老师批注、修改。论文指导老师在相关领域已深耕多年,一般很快就能看出该提纲在层次、逻辑、研究内容方面的漏洞在哪里,以及学生的基础如何。

指导老师一般会量体裁衣,根据各方面情况进行进一步指导。各方面都很好的,就精益求精,以最大限度提高该论文的质量,全力争取让其进入优秀毕业论文序列;若论文提纲整体尚有较大缺陷,指导老师则会为其讲解论文基本的结构、行文模式、语言特点,并嘱咐其查询与研究主题相关的优秀文献若干篇,精读细品,总结反思,重新拟订提纲,开展第二轮选题确认工作。

(四)查询、补充文献

选题一经确立,学生就要查询、阅读、记录相关文献,为论文写作做好充分的准备工作。在此过程中,学生需要始终保持对前沿文献的敏感性,周期性地查询、补充最新文献动态及研究成果。

如果在查询文献过程中遇到不懂、不会的问题,学生要积极与导师探讨,不能捂着、等着,任其蔓延,导致论文写作走向歧途。

(五)提交初稿

本科生论文写作通常在大四上学期进行,学生在大四下学期开学后一周将初稿提交给自己的论文指导老师,让老师审读并判断其是否紧扣主题,结构是否合理,表述是否准确等。

需要注意,有不少学校要求大四上学期期末必须提交初稿,具体请关注所在学校的要求。

(六)修改定稿

初稿的修改,一般是以在线批注、腾讯会议的方式进行,指导老师在进行初稿的群体性辅导时,会将大家出现的集体性问题指出来,同时会把每一个人比较突出的问题单独告知本人,使其能够精准地作出调整。

修改到二稿、三稿,大部分学生的结构性错误已经基本消失,这时就需要指导老师和学生就过渡、表达、整合、格式等问题达成一致,学生根据这些意见提交修改稿,指导老师再次审阅并提出修改意见,这个过程大约持续一个半月到两个月。经过这一程序之后,大部分学生的论文已经能够达到参加毕业论文答辩的水平,再做一些细节方面的优化,就可以将初稿录入学校毕业论文系统,并进行在线查重、任务书和开题报告在线录入等工作,同时可以申请参加毕业论文答辩。

这时可能会有个别学生的论文经多次修改仍然不能达到预期标准,指导老师会酌情考虑让其参加二辩。所谓二辩,就是不允许其参加第一批毕业论文答辩,择期另行举办第二批次答辩会。

(七)参加答辩和论文盲审

近些年的本科毕业论文答辩一般在 5 月中下旬进行,答辩结束之后,学生根据答辩组老师的意见对论文再次修改,然后根据论文盲审要求处理文档,并将文档发送给指导教师,由指导教师统一报送院系,并参加当年的毕业论文盲审。

论文如果在答辩或者盲审时没有通过,学生则要延迟一年毕业,一年后再次参加答辩,通过后才能被授予学位。这一结果将直接影响学生后续的就业、深造,所以毕业生必须对自己的论文负责,认真、细致地接受指导老师的辅导,积极主动地联系指导老师,别因为考研、找工作冗务繁忙就忽略了论文写作,最后考研成功、单位落实,却因为论文不合格无法正常毕业,导致前功尽弃。

答辩和盲审顺序可能会因为学校不同而有所不同,请大家根据学校要求灵活把握。

二、如何处理焦虑和倦怠

(一)听音乐静心

都说音乐可以抚慰心灵,这一点儿没错!每当遇到瓶颈时,找一个安静的角落,戴好耳机,听一段音乐真的可以给自己充电。振奋的音乐可以让人们重燃勇气,忧伤的音乐可以让人们宣泄悲痛,快乐的音乐可以使人们的心情逐渐愉悦……无论如何,请静下来欣赏音乐,待心情恢复,做一次深呼吸,对自己说一声"加油",再重新出发。

(二)去外面走走

春有百花,夏有凉风,秋有红叶,冬有白雪,世间如此美好,你却如此焦虑,不好,不好。如果此刻内心翻江倒海,找一二密友,出门去,河边草木葳蕤,山中群鸟歌唱,海浪奔腾不息,让我们从伟大的大自然中汲取力量,找到自己心中的暖阳,然后回到书桌前,一切又如新生。

(三)读一本好书

当感到焦虑不安时,找一个安静的角落,拿一本自己喜欢的名著,沉浸式地去阅读,看完之后,闭目沉思或假寐片刻,人生须臾,宇宙浩瀚,那些微不足道的烦恼就如微尘,在空中飘来飘去,但不要让它们过分影响我们的心情和判断力。

通过读书宣泄悲伤和压力,从书中汲取向上的精神食粮,这也是一种调节身心的好方法。

(四)转移注意力

科研是一个长期、持续的过程,要付出不懈的努力才能有所收获,这期间会有不少困难需要克服,因此,我们必须要保持较强的韧性。"它强任它强,清风过山岗",好的心态是处理任何烦琐的工作时必须具备的软实力。如果看书实在看不进去,甚至连自己喜欢的小说都不想看,觉得读文献、写论文让你压力很大,并且对自己的前途也是顾虑重重,则可以暂时放下手头的工作,去看一场电影,去吃一顿美食,去做一些有氧运动,抛开执念,深呼吸,你可能会发现在电影散场、美食入腹、大汗淋漓的一瞬间,那个生龙活虎的自己又回来了。

压力人人都有,如何舒缓压力,是一门高深的学问,爱自己,利用自己喜欢的东西去转移注意力,应该是一个不错的选择。

(五)要学会倾诉

如果上述步骤你都做过了,仍然静不下来,那可以找父母、信任的老师或者好友倾诉一番,也可以向专业的心理辅导人员求助。

一定不要觉得寻求专业的心理辅导丢人,这是给自己重复加压。要知道,心理出现问题,相当于心理感冒了、长肿瘤了,需要吃药打针、开刀手术,只不过这个"药"是专业心理机构的开导、辅助治疗和亲友们的关爱、扶持,等等,人人都可能有某一刻的心理失衡,这是再正常不过的事情,能够去寻求专业的心理咨询,说明你具有科学地爱自己的能力,应该自豪而非自卑。克服了畏惧寻求专业支持的心理障碍,那么心理恢复健康的概率会大幅度增加。

综上所述,在科学研究过程中,无论是本科生还是硕士、博士,都需要保持良好的人际沟通,真诚待人,关爱自我,遇到问题及时寻求解决办法,不纠结、不掩饰,因为身心健康是科研工作最重要的基础。

第三节 科研进度

大家应当合理规划自己的学习进度,保持在每个阶段的平衡或者稍微超前的状态(尽力而为并非竭尽全力),提高学习效率。

一、设置科研进度表

没有规矩不成方圆,对科研而言,这个"规矩"之一就是设置明确的科研进度表,这个进度表可以是长期进度表,内含自己预设的学习计划,明确每年分别完成什么,也可以是一个短期进度表,三个月一调,内含几月到几月做什么,甚至细化到每日分别完成什么事情。注意留出机动时间供微调(上课时间要在表上标识出来),也要有规律性的运动和休闲时间,如此,我们的科研工作将有"章"可循,每日按照自己的进度表完成相应的计划,既不会过于忙碌,也不会无所事事,更不会不知所措。日积月累,天道酬勤,科研之路就会越走越宽阔。

(一)长期进度表

制定长期进度表之前,我们首先要确定一个目标,比如考上"双一流"大学的硕士研究生,那我们的大学生活除了上课、吃饭、休息之外,就得全部围绕这个目标运转,具体参见表1-1。

表1-1 长期进度表

第一年	上课时间8小时,睡眠时间8小时。除就餐和适当娱乐外,其余时间1小时运动,1小时机动,1小时学习英语,1小时复习专业课,并大量阅读相关书籍以发现研究目标。
第二年	上课时间6小时,睡眠时间8小时。除就餐和适当娱乐外,其余时间1小时运动,1小时处理杂务,1小时学习英语,1小时复习专业课,1小时机动,并根据选定的范围择取专业书籍阅读并做好笔记。

续表

第三年	上课时间6小时,睡眠时间8小时,除就餐和适当娱乐外,其余时间英语学习、政治学习、运动、处理杂务、机动时间各1小时,专业课复习2小时,剩余时间更精准地阅读文献并做好笔记。
第四年	上课时间日均3小时,睡眠时间8小时,除就餐和适当娱乐外,其余时间英语学习、政治学习、运动、处理杂务、机动时间各1小时,剩余时间复习专业课4小时(9~12月),按照要求参加研究生入学考试。寒假根据日常积累确定论文范围,与指导老师联系探讨、斟酌题目和提纲,2月底3月初完成论文初稿,与老师沟通修改论文,4月底完成论文终稿,5月参加答辩。争取发表1~2篇小论文,为就读研究生做好准备工作。
备 注	周末可以休息、娱乐半天,剩余时间自由学习。

(二)短期进度表

短期进度一般以三个月为限,旨在完成短期目标,这个进度表尽可能详细,以督促自己高质量完成任务,具体参见表1-2。

表1-2 短期进度表

第一月	1~15日,上课、就餐、睡觉、运动和适度娱乐外,复习专业课1、2,每日各完成30页(约3小时);阅读《××××》书,做好读书笔记(含作者、书名、出版地、出版社、出版年、主要观点、参考内容、参考页码等); 16~30日,上课、就餐、睡觉、运动和适度娱乐外,复习专业课1、2,每日各完成30页(约3小时);阅读《××××》书,做好读书笔记。
第二月	1~15日,上课、就餐、睡觉、运动和适度娱乐外,复习专业课1、2,每日各完成30页(约3小时);阅读《××××》书,做好读书笔记; 16~30日,上课、就餐、睡觉、运动和适度阅读外,第二轮复习专业课1、2,每日各完成50页(约2小时);阅读《××××》书,做好读书笔记。每日阅读优秀论文1篇并提炼观点,学习其写作方法。

续表

第三月	1~15 日,上课、就餐、睡觉、运动和适度娱乐外,复习专业课 1、2,每日完成 30 页(约 3 小时);阅读《××××》书,做好读书笔记; 16~30 日,上课、就餐、睡觉、运动和适度娱乐外,第二轮复习专业课 1、2,每日各完成 50 页(约 2 小时);阅读《××××》书,做好读书笔记;每日阅读优秀论文 2 篇,仔细研读其摘要、关键词,对正文进行观点总结,根据自己的兴趣练习论文写作。
备 注	周末可以休息、娱乐半天,剩余时间自由学习。

相信通过这种长期计划和短期计划的有效结合,同学们一定可以有意想不到的收获。

二、应有超前意识

要制订计划,但计划不能千篇一律,必须因人而异。因为人人都是独立的个体,其收集资料的能力、反应能力、处理事情的能力等皆有所不同,故每个人的计划在一定程度上都具有不可重复性和独立性,可以参考但不能完全照抄。需要注意的是,人生不仅仅有科研,还应该有生活,有适度的诗和远方,只有张弛有度,才可以保持情绪稳定,更有利于科研工作。

早起的鸟儿有虫吃,未雨绸缪说的都是这个意思。如果别人在奋力奔跑,而你不紧不慢,甚至驻足不前,那怎么能抢到高山顶上那第一朵雪莲呢?所以,任何时候,我们都要尽力而为,且做到提前"二十分钟"。

何谓"提前二十分钟"呢?这只是一个比方,就是凡事应该提前规划、提前动手。我曾经一直按时到教室给学生上课,结果发现不是电脑开机慢,就是 U 盘无法识别,总之有可能出现各种意外情况,如果处理不善,就会占用有限的课堂时间。于是,我给自己定了一条上课"铁律",每次上课,"提前半小时"到教室,开电脑,打开课件,准备好话筒,打扫好讲台,然后等待学生到教室,这样时间上就富富有余,可以做到不慌不忙。但后来发现,学校的教学设备更新了,出问题的概率大幅度降低,每次到教室,基本五分钟就能做好准备工作,于是做了调整,将"提前半小时"到教室改为"提前二十分钟"从办公室出发,教学经验告诉我这个时间更为合理,更适合我自己的节奏。

做科研也一样,现在文科的本科生一般四年毕业,第四年学生要准备毕业答辩、考研、找工作,各种事情应接不暇,能够兼顾科研的时间可谓少之又少,故而我们应当"提前二十分钟",把所有计划均提前半年,最少三个月,给自己留出充裕的时间来应对可能面临的其他重要的、实际性的问题。

但也要记住,科研不是唯一。做科研,胜败乃兵家常事,我们要有赢得了,也输得起的心态。如果发现自己在科研方面并非天才,那可以用勤奋去弥补,如果付出了很多努力还是无法达标,请泰然接受失败,这不是你的错,也许你只是跑错了赛道,完成自己基本的科研任务,勇于承认自己的不足,及时止损,让自己的生命在另一个维度发光发热,一样精彩。

课后练习:

1. 你认为个人心理状态会影响学习进度吗?
2. 请制订一个以年为单位的长期进度表。

第二章　如何确定题目

调整好心态以后,上赛道,等枪响,接下来要做的非常重要的事情就是确定论文题目或者研究方向,也就是选题。学术领域的"选题"一词既是动词(选择题目),又是名词(研究的主题、题目)。选题的重要性不言而喻,从某种程度而言,选题正确与否几乎就可以决定论文进展的顺利与否。

确定题目并不是一件容易的事。我们要从浩如烟海的文献和纷繁复杂的社会现象中提炼一个题目,需要做大量的准备工作,并时刻保持科研敏感,在浩瀚的文献中"慧眼识珠",且能扎实求证,抓住关键问题确定题目。

第一节　前期准备工作

千古文章意为高,因此确立文章之"意"至关重要。那何为"意"呢?郑板桥曾云:"江馆清秋,晨起看竹,烟光日影露气,皆浮动于疏枝密叶之间。胸中勃勃遂有画意。其实胸中之竹,并不是眼中之竹也。因而磨墨展纸,落笔倏作变相,手中之竹又不是胸中之竹也。总之,意在笔先者,定则也,趣在法外者,化机也。独画云乎哉!"此处"胸中之竹"即为"意",而论文、调研报告的题目则是这个"意"的集中体现,因此拟题须遵循一定的原则,谨慎择取。

一、选题的原则

(一)共享性原则

有价值的题目,应当是大众普遍关注,且能够解决较大社会群体面临的困难的议题,不能仅是围绕个人或者小圈子做文章。共享性欠缺的文章没有什么传播价值,自然也不会有什么社会反响。

如一个北方人在自家园子里种适宜在南方生长的花,没有成功,于是写了一篇非常精彩的文章分析为什么失败。如果他只是厘清了自己花园里的各种客观条件,那就只是解决了他个人或很小一部分人的困扰,他写的文章一般也很难成为特别成功的学术作品。但如果文章分析了南方和北方的土壤、温度、光照对此类植物的实际影响,进而得出结论,那文章就可能解决更大范围内读者的困扰。前后两篇文章的学术价值自然不可同日而语。

(二)创新性原则

创新是科研的生命力,是推动社会进步的重要推动力。如果没有创新,一味地炒冷饭,结果不过是产生许多同质化的、毫无意义的论文论著,对个人、社会和时代都没有什么助益,甚至可能有害。

那么何谓创新呢?就是要产生新思想、新技术、新方法、新观点,并且这些新事物必须对人类社会的思想体系、生产过程、研究进程等产生积极影响。如,现在学界普遍认为曹雪芹为《红楼梦》前八十回的作者,高鹗补写了后四十回。王秉鸿、耿显正、周显良三人的《基于典型频度显著性差异字词的〈红楼梦〉作者分析》就独辟蹊径,以统计学的手段考证了这一结论,他们"选取程乙本《红楼梦》中一部分经过单因子方差分析和杜凯氏统计学检验的频度显著性差异的 1~6 个字符长度的字词,分为三个层次进行分析:第一层次为通过无关联的,反映语言习惯的典型字词的折线图进行直观判断;第二层次为通过相似用法的一组词进行联合判断;第三个层次为对具有一定相关性的字词进行深入研究","结果显示:程乙本前 80 回与后 40 回的差异,比前 40 回与中 40 回的差异更为显著;前 40 回与中 40 回为同一作者,前 80 回与后 40 回不是同一作者"[①]。此研究本身的价值虽然并不算太大,但研究者提供了以统计数据研究文科内容的新思路,为文科学术研究提供了一种全新的研究方法,其创新性不言而喻。

(三)承继性原则

须得注意,科研创新不是"无中生有",更不是"空中楼阁",必须是在现有科研成果的基础上,找到可能存在的漏洞、薄弱环节,做更进一步的研究和填补。

比如许飞《俞平伯与"自传说"》一文总结俞平伯"自传说"对胡适"自传说"及索隐派的承继和超越,指出俞平伯"自传说"的主要特点是"提出《红楼梦》具有理想、现实、批判三种成分,并在《红楼梦》研究中延续并充实以往的考据方法"[②],也就是在研究索隐派及胡适红学成果的基础上,通过细致的考据和比较得出结论。

[①] 王秉鸿,耿显正,周显良.基于典型频度显著性差异字词的《红楼梦》作者分析[J].名家名作,2022(21):103-105.

[②] 许飞.俞平伯与"自传说"[J].红楼梦学刊,2023(5):214-227.

(四)有用性原则

除此之外,选题必须遵循"有用"的原则,即这一研究必须让读者受益,否则就毫无必要。

这种"有用"既可以指读者受到启迪而摆脱精神困顿,或者产生新的研究主题,也可以指读者通过阅读此文产生一种全新的思维模式,或有了新的研究方向,等等。总之,只有助人成长、有益社会的科研才是有价值的。

二、相关准备

(一)围绕预定主题选择材料

选题之前,我们需要掌握大量的资料(含各种杂志、书籍、影像、网络文献资源等)。我们应尽可能多地占有原始资料,以保证视野足够开阔,继而找到所需材料。

我们可以通过图书馆广泛涉猎各种纸质文献,亦可通过中国知网、读秀学术搜索、中华经典古籍库、百度学术等资源库寻找与我们感兴趣的内容相关的各个角度的论文、著作、论坛帖子等,从中理出当前相关主题的研究方向、研究内容分类、热点和薄弱点等,从而找到可能的研究空间。

(二)找到自己的学术关注点

在阅读大量文献后,要在划定的研究范围内找到自己的学术关注点,据此拟订题目。比如,本人的硕士论文《红楼梦与庄子》拟题之前,我阅读了各类关于《红楼梦》的研究文献,并对文献进行归纳分类。在此基础上我发现《红楼梦》中的宝玉出家似乎预示着该作品的思想宗旨与释氏相关,再次梳理文献并研读《红楼梦》得知,《红楼梦》中多次提到庄子,宝玉和黛玉二人也经常探讨《秋水》《南华经》等内容,且他们的精神世界与庄子的精神世界更为契合。我很好奇这种精神链接是如何产生的,于是查阅了先秦思想史,又查阅了曹雪芹的生平及思想脉络,并将相关内容与《红楼梦》中的人物比较,自然发现了内在的精神链接轨迹。我向导师赵建新先生汇报了自己的思路,先生极为赞赏,嘱我立刻展开深层次研究工作,于是我的硕士学位论文《红楼梦与庄子》就这样诞生了。

(三)划定研究范围

在找到学术兴趣点之后,我们还需要划定研究范围,否则漫无目的地在茫茫森林搜寻真的会累死猎人。比如,我的博士论文(虽然与硕士相较略有差异,但其理为一)《清代八股文的文体形态研究——以〈清代朱卷集成〉会试文为研究中心》,我在查阅大量文献并跟自己的博导胡颖先生多次探讨确定研究对象之后,发现选题涉及文体学问题、文献问题等。文体学相关著作和《清代朱卷集成》的相关文献当然是不可回避的阅读对象,但是,单《清代朱卷集成》就有420册,每册440页左右,其中包含大量清代进士、举人、贡生们的履历、八股文、试帖诗和部分策论,内容含量十分庞大,且所有文章均是朱卷影印版,无标点符号无注释,异体字比比皆是,页面只有考官点评。我需要做细致的辑录、句读、校勘工作,如果将《清代朱卷集成》全部纳入研究范围,没有十年根本做不完。这就需要缩小辑录和研究范围。经过多次比勘,我最终确定将研究范围缩小到前92册,时间跨度依然是从康雍乾开始到1905年。这些八股文基本都是强中选强的精品之作,其体式体貌及发展变化状况足以代表清代八股文的真实水平及发展走向,也足可呈现清代八股文发展变革的原因。

(四)厘清研究层次

划定大致的研究范围之后,我们还必须设置清晰的研究层次,明确所选主题下现有研究主要有哪些,研究的重点是什么,难点又在什么地方,目前的研究达到何种程度,还有哪些地方比较薄弱,需要我们继续深入,或者还有哪些领域是别人未曾涉足的……只有明确这些内容,我们才能明确自己的研究空间。针对这个研究空间,我们应该认真规划先研究什么,后探索什么,明确相互之间的逻辑关系如何,第一层次具体要考察哪些内容,第二层次主要研究哪些条目,把这些都想明白、列清楚了,一切井井有条,方能使后续的论文写作得以顺利进行。

总之,选题不能盲目,必须精雕细琢,下苦功夫方可有"柳暗花明又一村"的可能性。正如王国维先生引用《青玉案·元夕》末句:"蓦然回首,那人却在灯火阑珊处"形容灵感来临的境界一般,须得经过"独上高楼,望断天涯路"和"衣带渐宽终不悔,为伊消得人憔悴"这两个阶段的苦磨苦练,方可达到向往的学术境界。

第二节 选题常见失误

做好前期工作后,我们就要确定题目了。以做菜为喻,一篇文章的题目犹如一道菜名。菜名不能太花哨,必须有一到两种主要食材做支撑,配菜或辅料只能作为点缀或增香。选什么作为主要食材呢?这是需要一番探索的。

本科阶段的论文写作对有些学生而言是一个里程碑,但大部分本科生初次接触学术,面对堆积如山的"食材"大都会犯怵,不知如何剖蚌得珠,故而通常会有如下一些表现。

一、选题过大

有的学生贪多求大,但对相关理论界定不明,或者缺乏对要写作的论题的整体性把握,或者学术积淀太浅薄,又或者平日不注意多方收集资料导致"胸中无竹"。他们在一篇文章中想要面面俱到,结果面面皆浅尝辄止,根本说不出任何有价值的东西。或者小马强行拉大车,把一个涵盖极广的形而上学意识领域的问题置入容量较小的论文中,自然是很难达到想要的效果。

如有人要写《〈甄嬛传〉中的诗词曲艺研究》,其早期提纲如图2-1所示。从最早的提纲来看,左翼企图"概述诗词地位""简述诗词发展",右翼期望"概述古代文学的发展与地位""曲艺种类及特点",就这四个部分而言,任何一个话题都可以写出很多本书,而要想在一篇8000~10000字的本科论文里说清楚,查阅文献的困难且不说,动笔写起来也会有一种无法下手的感觉。

还有《立德树人融入初中语文教学探析》《鲁迅小说的叙事性分析》《浅析民族文化对作家创作的影响》《论莫言〈蛙〉的魔幻现实主义色彩》《中国古典诗文"蝉"意象分析》《浅析唐传奇中的道教文化》等,将"立德树人""叙事性分析""民族文化""魔幻现实主义""中国古典诗文""道教文化"这样的大车让小马来拉,自然拉得气喘吁吁、顾此失彼。

第二章 如何确定题目

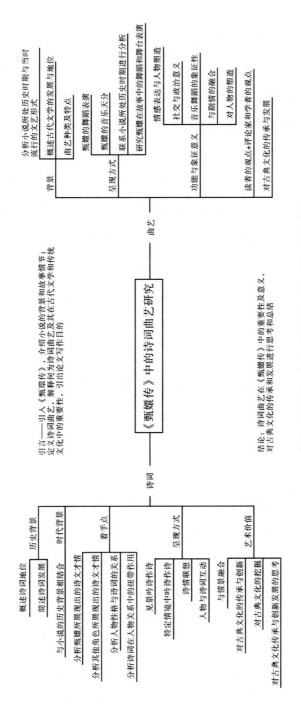

图2-1 《〈甄嬛传〉中的诗词曲艺研究》早期提纲

二、选题过小

有的学生思路倒是很清晰,但缺乏界定研究范围的经验,选择的内容范围太过狭窄,导致题目根本无法说明他想说的问题。比如这两个题目都属于选题过小:《李商隐诗中的"花"意象探析》《论李清照诗歌的豪放本色》。

第一个题目,李商隐的诗歌中涉及"花"这个意象的诗本就不多,根本撑不起一篇学术论文。第二个题目,李清照是婉约派代表,其作品中虽有个别豪放之作,如其《夏日绝句》:"生当作人杰,死亦为鬼雄。至今思项羽,不肯过江东。"①又如《渔家傲·天接云涛连晓雾》:"天接云涛连晓雾,星河欲转千帆舞。仿佛梦魂归帝所,闻天语,殷勤问我归何处。我报路长嗟日暮,学诗谩有惊人句。九万里风鹏正举。风休住,蓬舟吹取三山去。"②但这样的作品毕竟不多,且作者题目集中于李清照的"诗",这样豪放的"诗"就更是少之又少,那他拿什么样的资料来分析李清照诗歌的"豪放本色"呢?显然是无源之水,难以为继。

三、选题过偏

有的学生专好选择冷僻的题目去做,认为这样的选题研究的人少,说不定能独辟蹊径。这种可能不是没有,但一般情况下,若此题目真有较大价值,或者这个题目比较容易,早有前辈学者"捷足先登"了。之所以没有找到相关研究成果,或者只是找到很少量的相关研究成果,则很有可能此选题研究价值不够,或者研究资料不够,导致许多人望而却步。

---

① 王仲闻. 李清照集校注[M]. 北京:人民文学出版社,1979:141.
② 王仲闻. 李清照集校注[M]. 北京:人民文学出版社,1979:6.

作为"学术小白",想要攻克这样一个许多人都不敢选择的题目,必须得付出几十倍于"资深"研究者的功力。即便你不怕吃苦,也有可能因为积累不足无功而返。所以,太过生僻的题目,除非你对此问题思考得足够深入,否则,不要选择它。

四、选题过旧

个别学生对学术研究兴趣不大,不看资料,不读文献,只是随便找一个关键词去网上搜索。如此找出来的题目大多数已被前人研究得很深入,如《张爱玲小说中的女性形象》《浅析路遥〈人生〉中高加林形象的悲剧性》《浅析〈聊斋志异〉中"狐女"的形象》等,可供继续深挖的研究点可以说几乎没有,最后东拼西凑出来怕是连"查重"都难以通过,更别提什么研究价值了。

五、选题过杂

有的学生选题时"胸中无竹",不知道要研究的对象是什么,于是确定的题目就可能立意不明,或者主题过多,动笔时感觉难以应付。这是本科生选题时常犯的错误。要学李渔《闲情偶记》中的"立主脑""减头绪",集中精力说明一个问题、研究一个对象即可。

六、选题"出格"

文科学生选题还有一个常见的错误,就是有的学生的选题明显超出本专业的范围界限,比如汉语言文学专业的学生写新闻专业的选题,或者写历史方向的选题,或者选法律方面的主题……这些都是不合乎选题规律的,不符合专业限制的选题一开始就应该被淘汰。

第三节　选题原则

掌握了选题的要领,我们就可以遵循以下几个原则去确定自己的题目。

一、选择自己感兴趣的题目

兴趣就是最好的老师,如果一个人对某个方向缺乏兴趣,只是被赶鸭子上架,那便很难深入研究,更别谈获得学术成果了。

二、选择自己熟悉的题目

有时候,我们在面对五花八门的材料时难以抉择,看着东边的城门楼子值得研究,西边的马路牙子也颇有意义,南边的黄河流水很有价值,北边的秧歌调子源远流长,于是看花了眼。这时,我们要尽量选自己熟悉的领域切入研究。比如某同学生于陕北,更熟悉陕北秧歌,且年年可以观看秧歌表演,还认识很多专业从事秧歌表演、秧歌传承的艺人,那面对陕北民歌和陕北秧歌两个选题,该同学肯定应以陕北秧歌为研究对象。因为他有足够的空间去调研、访谈、查阅文献,找出其中可能存在的某个或某些问题。在此基础上,提出相应的策略自然容易得多,且更加深入、客观。

三、选择实践性较强的题目

有的时候,我们在现实生活中感受到某种现象,发现可以将其与科研链接起来。如此操作后,我们的选题就可能更丰富生动,更具实践性,甚至可以指导某些领域的实践方向。比如,2023年和2024年,陕西省榆林市在非遗传承方面表现出了非凡的勇气与能力,尤其是对榆林老街的激活与设计,使一直寂寂无闻的榆林老街几乎成了榆林非遗的名片。笔者曾在榆林老街访问各级各类非遗传承人、参观非遗产品、体验各种非遗形式,并且在各类书店找到不少关于非遗的书籍文献。之后,笔者多方查阅文献,申请了"陕北道情唱本整理研究""陕北面雕产品开发研究""陕北非物质文化遗产保护传承研究""陕北非遗的地域流变研究"等项目,同时完成了《"技术赋能"与陕北道情"审美日常化"路径探索》《陕北非遗的"时空场域"及其地域流变研究》等论文和《建立"大非遗"格局,抓大放小努力促进文旅融合——榆林非遗保护传承调研报告》。

四、选择可比性较强的题目

有的同学把高加林和于连放在一个维度比较,把茶花女和安娜·卡列尼娜放在一起研究,把郭沫若和屈原的作品相互比较找出其中的关联性,把李渔和张天翼的戏剧理念放在一起比较,等等。这些比较往往能提炼出有价值且容易书写的题目,中心点也较容易把握。

五、选择当前文艺热点作为题目

2023年获得茅盾文学奖的作品是一系列非常厚重的文学大著。奖项一经宣布,即刻引起各界强烈反响,各类针对获奖作品的评论文章亦如雨后春笋般层出不穷。相关专业的学生应当有足够的科研敏感度,能够在第一时间关注到文坛的这种动向,跟进阅读,并快速寻找选题,创作出独具特色的学术论文。

六、可以选择新生代作家与作品作为选题方向

新生代作家的文风、语言、精神特质、文体面貌一般都特点鲜明,且研究他们的群体相对较少,研究也不会太深入。我们完全可以研究这些新生代作家与作品的叙事风格、语言特征、精神意蕴、艺术特色等。这种论文选题,只要作家、作品选择得当,归纳和总结过程都不会过于复杂,非常适宜作为本科生和硕士生的选题方向。

七、要注意交叉学科的选题

随着科技的发展和时代的进步,各种学科的知识正在互相渗透、互相交叉、互相融合。各个学科之间的交叉,如法律与文学、法律与经济学等,必然产生新的问题,留心这些新问题对于确定论文的选题也大有裨益。对于学科交叉的课题,我们往往容易从各个学科不同的特点入手,在综合和比较中发现问题,探讨出具有价值的规律来,从而实现研究的创新。

良好的开端是成功的一半,论文写作和科学研究亦是如此。题目对论文写作极端重要,我们须细加择审,多方求证,以使自己的论文写作事半功倍。

课后练习:

1. 如何才能找到自己的科研方向,请谈谈自己的看法。
2. 根据自己感兴趣的主题,拟订数则题目,与同学和导师一起讨论修正。

第三章　如何搜集、阅读文献

搜集文献不是一蹴而就的事情,在确定选题之前,我们需要查询文献,以找到适合自己的研究对象;在研究对象确立之后,我们仍需要更深度地去搜集、挖掘资料,以最大限度地把握该主题的研究现状,从中找到自己的研究方向与切入点,或者为自己的论点确立最有说服力的证据;在确定选题后,我们更要保持对最新研究成果的关注和把握。可以说,对学术研究工作而言,文献查询几乎贯穿始终。

本章主要介绍搜集和阅读文献遵循的规则,常见的文献搜集与整理的方法,一些常见、好用的网站和文献检索软件及主要的检索方法,田野研究的步骤和方法,并为大家简要介绍阅读文献的方法。

第一节　搜集、阅读文献的规则

文献搜集、阅读是一种学术领域的社会行为,既然是社会性的行为,必然要遵循一些特定的规则①。

一、应掌握本领域最重要的文献

一般来说,首先要关注领域内的核心著作、教材和核心期刊。尤其是前沿核心期刊,它们具有新颖性、代表性和严谨性等突出特点,一直是文献搜集过程中需要最先掌握的资料,它们对研究领域最重要的论题都会有所显示和表述。有时候,有些非核心期刊上的文献也会为大家提供重要的研究信息,同样值得借鉴。

要掌握本领域最重要的文献,可以采用追溯检索法去搜索。追溯检索法是指根据反映课题研究领域最新研究成果的文献,或是该领域研究机构与学者所写文章后所列出的参考文献进行追溯查找,并采取"滚雪球"的方式进一步扩大线索。文献后所附有的参考文献、相关书目、推荐文章和引文注释是查找相关文献的方法之一。这些文献不仅指明了与读者需求联系最密切的文献线索,而且往往包含了相似的观点、思路、方法,具有启发意义。循着这些线索去查找,不仅可以有效利用前人的研究成果,还可以省时省力高效地完成查找任务,更有可能在阅读过程中有新的发现和感悟。利用追溯法高效率地查找文献比较有效的工具有读秀学术搜索、中国知网等。

利用追溯法获得的文献系统性强,且内容比较集中。如果你选准了某个科研课题,就可以采用层层追溯的方法。但是这种方法的检索面太窄,所获得的文献往往不能反映课题的全貌。利用这种检索法还有一个比较明显的缺点,就是越往前追踪,时间越久远,所获得的文献资料就越陈旧。所以利用

---

① 本节主要参考叶继元等编著的《学术规范通论》(华东师范大学出版社2017年版)。

追溯法时还要掌握好时间界限,追踪时间要根据课题性质而定,如果课题是与历史相关的,就要尽量追查得远些,如果是调查最新的科技发展情况,则只要查最近半年到一年的文献。

另外,还可以用纵横法来进行文献查询。纵横法是指以科研课题中有代表性的作者为线索,通过检索工具,采用纵向和横向扩大来获取文献的一种方法。这种方法要求搜集人员具备某领域较深厚的知识储备与研究积累,知晓该领域的重要作者。纵向扩大是通过检索工具的著者索引,以时间为纵轴,查出这些代表性作者的一批文章,尤其是该课题重要发展时期撰写的文章;横向扩大是指在这些代表性作者的文章所属的类别或主题词下,以内容为横轴,查找出一批其他作者的类似文章。这种方法容易掌握、使用方便,检索效果也好。但能否准确筛选某一领域的重要作者对检索效果的影响极大。要做到准确筛选某一领域的重要作者,要求文献检索者一方面要不断扩大和加深自己的学科专业知识,另一方面还要主动争取有关专家的合作和支持。

二、应了解相近相关领域的文献

科学研究是一个系统的工作,现在各学科的交叉发展趋势越来越明显。因此,进行文献检索时不仅要掌握本领域最重要的文献,还要了解相近、相关领域的重要文献。这对于学科研究同样具有颇为重要的意义。

例如,近年来比较热门的一个方向——大数据,除了计算机领域一直关注对大数据的研究外,图书情报学界、传播学界,甚至还有哲学、社会学领域的学者也开始研究大数据的哲学意义、对社会的影响等,因此对大数据这一课题感兴趣者,必须要具备跨学科的视野。当然,在进行文献搜集时,还是要根据具体的研究课题及研究内容来确立什么是相近、相关的领域,另外要辅以本研究领域所涉及的文后参考文献来查找,也就是要综合利用前文所述的追溯法。

三、文献信息覆盖要尽量全面

文献搜索的覆盖面要尽量全面,争取不漏掉任何有用的文献信息。在具体的调研过程中,保证文献覆盖全面需要注意两个方面:一是在信息源选择方面尽量选择文献来源广、文献来源级别高的数据库和检索工具;二是在检索过程中要制定科学合理的检索策略,以提高查全率。

文献检索的信息源是很广泛的,选择时要视具体课题而定。通常而言,传统的文献检索就是利用检索工具查找文献的活动。其中,工具书是使用较广泛的一种检索工具。在文献检索中,首先要善于利用工具书。工具书主要包括书目、索引、文摘、百科全书、字典、词典、年鉴、手册等,另外某些课题研究还会用到名录、图录、年表等特殊用途的工具书。但是在文献检索中,要注意人工检索和机器检索的结合使用,随着计算机、网络和数据库技术的迅速发展,文献搜索还可以通过电脑进行脱机、联机和网络查询。所以研究人员应当根据自身拥有的科研设备和信息资源,结合两种方法进行文献信息的搜集。

每一种检索工具和数据库都有其特定的收录范围,我们要学会甄选适合自己的工具。与此同时,我们还要注意浏览有价值的内部刊物、文件、产品说明书、学位论文、非正式出版物等,以避免遗漏检索工具未正式收录的有效信息。

文献搜集的途径很多,除了通过检索工具、数据系统外,进行田野研究、参加学术会议、听取科技报告、参加网上讨论等均是较好的搜索途径。文献搜集不应该拘泥于单一的途径,充分利用各种交流方式搜集信息,才能获得更丰富的资料。

第二节 文献搜集整理的途径

大学生从迈入校门那天起,就应该树立"为中华之崛起而读书"的理想信念。只有让强大的思想能量引导自己的行为,才能有无坚不摧的毅力与百折不挠的信心。这样,我们就能够在大学期间严格要求自己,尽可能多地涉猎各类书籍,用知识武装自己的头脑。

与此同时,我们不应该等到大四才开始匆匆忙忙搜集资料选定研究对象,而应当自进入大学之日起就处处留心,注意择取自己感兴趣的、可能具有研究价值的内容作为搜集整理资料和论文写作的支点,为日后的课题研究奠定坚实的基础。

资料搜集整理是所有科研工作者的基本功,文科学生尤其如此,可以说,你搜集的资料越丰富、全面,你的科研工作就会进行得越扎实。那我们应该通过哪些渠道去搜索资料呢?

一、日常积累

学问到处都有,看你是否有心。日常生活中,我们要留心书店、小书摊,或者亲戚、朋友的书架上是否有让我们眼前一亮的书籍、期刊等文献资料,若有所发现,一定要注意购买、复印、分类存放,以待有朝一日使用。

那么,我们应该留心什么呢?对文科学生而言,要注意那些权威出版社出版的关于历史、人文、法律、经济、文学、语言、哲学等方面的著名作品,注意获得国际奖项(如诺贝尔文学奖)和国内大奖(如茅盾文学奖、鲁迅文学奖等)的文学作品,以及与之相关的文学评论等。

只有广泛地接触这些精品文献,我们的眼界才能被拓宽,才能在看到某些作品时马上可以体会到其独特的艺术特征,这种捕捉信息的能力就是在日积月累的文献阅读中逐步得到提升的。

与此同时,我们也要尽可能抽空多听一些名家讲座,多参加学术会议等,从这些学术前沿阵地获得一些最新信息,从而列出阅读书单,增加自己的有效阅读时间。

二、课堂顿悟

除了日常有意积累外,课堂上的顿悟也能够为我们搜集资料提供线索。"三人行,必有我师焉",教师在课堂上会引入各种文献资料,且可能介绍文献的比较阅读,也可能提到西方文史哲方面的著作,旨在开阔学生视野,引导学生思考。

有心的学生就像一块巨大的海绵,在课堂上不会放过任何一个看似与主题无关的细节。比如,教师在介绍创造社、新月派和左联时,有的同学会觉得这些内容与论文写作的理论关联性不强,于是就随便听一听,走马观花。而那些勤学善思的学生就会敏感地发现这些流派后面的社会背景与思潮,同时也会将这几个流派的作品进行纵深比较,总结其特征和异同。再如,讲到李渔的"立主脑""减头绪"①时,教师介绍张天翼的戏剧作品也特别注重贯穿一条主线,比如《两个房客》《蜜蜂》《华威先生》等,那二者之间是否有关联呢?

---

① 李渔.闲情偶寄[M].诚举.等译注.昆明:云南大学出版社,2003:11.

有的同学就会专门去查询相关资料,了解其中的奥秘,这其实就是初步的科学研究。

"众里寻他千百度,蓦然回首,那人却在灯火阑珊处",说的正是顿悟时的状态。顿悟并非空中楼阁,它一定是建立在长期积累和认真思考的基础之上的,从这个角度看,科研一点也不神秘。

三、图书馆借阅

除了平日留心搜寻与认真琢磨,作为文科生,一定要加大阅读量,多去图书馆。

去图书馆起码有两个好处。第一,增长知识。因为图书馆是知识的海洋,我们来到图书馆,开卷有益,日有所进是必然的。第二,能静心学习。进了图书馆,书香四溢,身边的同伴们都在静静读书写字,那种环境很容易让人静下心来,抛去一切烦恼杂念,认真投入学习。

在图书馆,我们可以根据书名查询到图书馆藏位置,借出之后离开图书馆,寻找其他合适的地方去消化细看。也可以没有目标,只是浏览,遇到喜欢的书就抽来一读,可能一次发现数本很感兴趣的书,就都借来阅读。

无论是有目标还是偶然得之,图书馆为我们提供的文献资料一般都价值较高,可充分利用。

四、网络资源

现代社会琳琅满目的网络资源也是我们必须要重视的文献资料,有的时候各种电子文库和网络图书、期刊甚至成为我们搜集文献的主要途径,因为它们内容丰富、搜寻方便,阅读更加便捷。许多现代学子都会首选通过网络搜集文献。

除了比较常用的万方数据资源系统-中国学术期刊数据库、维普中文期刊服务平台、人大复印报刊资料全文数据库、延安时期中共中央机关报全文数据库、中共党史经典文献数据库、红色报刊档案数据库、中华人民共和国国史数据库、睿则恩历史文献·红色文献数据库、中国历史文献总库·红色文献数据库等网站平台、数据库外,还有很多颇有助益的网站和数据库可供参考。

1. 人民网·习近平系列重要讲话数据库

该网站收录十八大以来习近平总书记发表的系列重要讲话原文及相关重要论述、活动、会议、批示、书信、致辞、音视频等,涵盖政治、经济、文化、社会、生态、党建、国防、外交等各个领域。

2. 人民网·跟着总书记学党史数据库

该数据库围绕习近平总书记关于党的历史的系列重要论述,收录习近平总书记相关讲话、文章、书信、指示、活动、考察等内容。

3. 人民网·党史资料库

该资料库包含党章党纲、会议、文献、简史、人物、著作、纪念馆(地)、资料、书刊和音视频图集等多个版块。

4. 共产党员网·党章党规

该网站收录党章、准则、条例、规定、办法、规则、细则和规范性文件等各类党内法规。

5. 中国共产党思想理论资源数据库

该数据库是人民出版社开发的国家重大马克思主义数字传播工程,包括

14个子库、万余种图书、7000多万个知识点，被党政干部和专家学者称为"用科学技术传播中国化马克思主义的重大创新工程"。

6. 抗日战争与近代中日关系文献数据库

该数据库全面收集整理有关抗战的文献资料和研究成果，并包含中国共产党革命文献图书库、中国共产党组织史资料专题库、中国共产党党史资料专题库、中国共产党历史资料丛书专题库、陕甘宁革命根据地专题库、晋察冀抗日根据地专题库等重要子库。

7. 全国报刊索引数据库

该数据库包含"晚清期刊全文数据库"（1833—1911）、"民国时期期刊全文数据库"（1911—1949）、《字林洋行中英文报纸全文数据库（1850—1951）》等。

8. 各地党报数据库

该数据库收录了我国当代重要的45种党报，如《人民日报》《解放军报》《光明日报》《经济日报》《文汇报》《中国纪检监察报》等。

9. 瀚文民国书库

该书库收录了自1900年前后至1949年出版的8万余种12万余册图书。

10. 国家哲学社会科学文献中心

该网站包含国家哲学社会科学学术期刊数据库等。

11. 中国社会科学文库

该文库是哲学、历史学、宗教学、经济学、马克思主义学说、文学艺术等社会学科的综合知识平台。

12. 中国地方历史文献数据库

该数据库收录安徽、浙江、江西、福建、江苏以及湖北、湖南、广东、云南、辽宁、山西、河北等地的文献35万件,150万页。

13. 陕西红色文化大数据中心

该网站收录了中共陕西省委党史研究室及各市、县(区)编撰的部分党史书籍。

通过各种渠道,我们能够尽可能全面地搜集所需文献,为我们的论文写作、项目申报等打下坚实的基础。

绝大多数情况下,高校的图书馆网站均会有电子资源导航,我们直接点开相关链接便可以很方便地搜集资料,如图书馆没有收录相关电子资源,则可自主搜索,但要注意甄别,切勿陷入钓鱼网站的陷阱。

第三节　中国知网查询

中国知网面向海内外读者提供学位论文、报纸、期刊、年鉴、工具书等各类资源的统一检索、统一导航、在线阅读和下载服务。中国知网包括中国学术期刊网络出版总库、中国博士学位论文全文数据库、中国重要会议论文全文数据库、中国重要报纸全文数据库等,以学术、技术、政策指导及教育类期刊等为主,内容覆盖自然科学、工程技术、农业、哲学、医学、人文社会科学等各个领域。

检索时,我们首先在浏览器输入"中国知网官网",列表会出现一系列与中国知网有关的网页引擎,如图3-1所示。

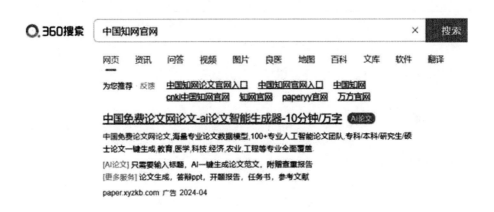

图3-1 中国知网文献搜索第一步图示

我们一定要注意这些列表中的网址,确定选择网址为"www.cnki.net"的网站,不要走错了地方,被无良骗子钻了空子。正确的网站引擎如图3-2所示。

打开该网站,我们可以看到如图3-3所示的网页。

此刻,我们想要检索文献,方法有几种。

第一种,如果只隐约觉得可以做某些主题,但不确定当前研究情况,也不知道确切的文献题目,则可以用"主题"搜索,比如想要搜索"中学语文教学"相关文献,便可以用"中学语文"作为主题词搜索,得到如图3-4、图3-5所示界面。

从图3-4中可以看出,与中学语文相关的最新期刊文章共计57 305篇,其中学术期刊论文1.23万篇,学位论文1.63万篇,特色期刊论文2.74万篇,其他成果若干篇。最新发表的论文有2024年4月20日的,笔者的搜索时间是2024年4月21日。从图3-5显示的文档分类及数量可知,为了得到更精确的资料信息,我们还可以根据自己的需求缩小或扩大检索词范围、限定文献发表年限等。

图3-2 中国知网文献搜索第二步图示

第三章　如何搜集、阅读文献

图3-3　中国知网首页图示

图3-4　主题词搜索法图示

图 3–5　主题词为"中学语文"的搜索结果概览

第二种,我们曾读过一篇文章,并记得其准确的题目,就可以在知网首页搜索栏直接输入题目搜索目标文档。如果知道作者姓名,想搜索其发表的有关某一主题的论文,就可以在"主题"后的搜索栏输入作者+题目关键词,以获取目标文献。

第三种,就是想查询自己或他人已经发表的论文,可以在知网首页点击"旧版入口"(根据笔者的查询经验,"旧版"查询个人文献比新版全面),如图 3–6 所示。

点击"高级检索",可以看到如图 3–7 所示的界面。

在图 3–7 所示界面,点击"作者发文检索",可以得到如图 3–8 所示界面。

第三章 如何搜集、阅读文献

图3-6 点击"旧版入口"后的界面

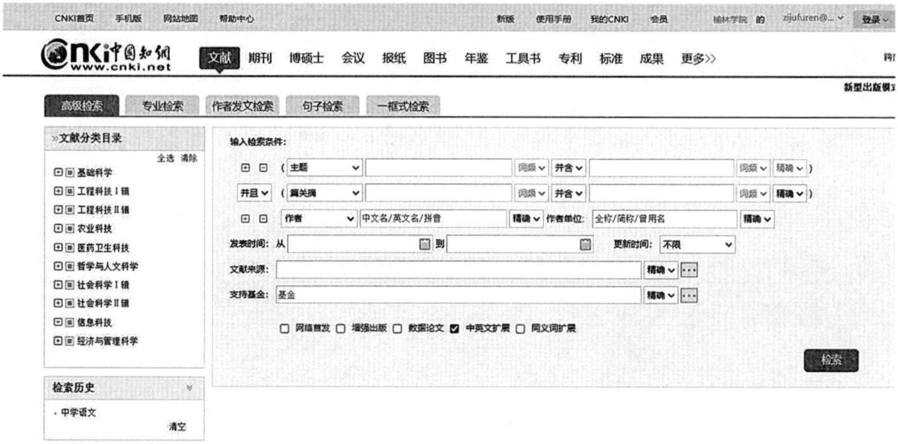

图3-7 点击"高级检索"后的界面

在"作者"一栏输入作者姓名，在"作者单位"一栏输入要查询的作者单位名称，作者姓名选择"精确"，作者单位一、二一般选择"模糊"，就可以寻找到被搜索者在知网收录的期刊文章，然后酌情下载。文章作者可以注册、登录自己的知网账号，免费下载自己被知网收录的文章等相关资源。

图3-8 点击"作者发文检索"后的界面

比如，笔者要搜索自己发表的论文，则需要在页面输入"张建华""榆林学院文学院""榆林学院"，如图3-9所示。

图3-9 "作者发文检索"示例

点击检索,就可以得到图 3-10 所示信息。

图 3-10　论文查询示例

此刻,如果你所在单位购买了知网相关资源的使用权,你便可免费下载所需要的文献,如果没有购买,则需要根据网页提示付款购买单篇或多篇文章。

第四节　读秀学术搜索

知网可以查询到的,通常是一些电子版的期刊文献。我们不能仅仅凭一些期刊文章就轻易推导出我们的论点。于是,"读秀学术搜索"就成了我们必须要涉猎的文献资源网。读秀学术搜索是由海量中文学术资源组成的庞知识库系统，其以数百万种中文图书信息与图书全文，以及数亿页中文资料为基础，为读者提供深入图书章节和内容的知识点服务，部分文献的少量原文试读，以及查找、获取各种类型学术文献资料的一站式检索、参考咨询服务，是一个覆盖面很广的学术搜索引擎及文献资料服务平台。

一、读秀学术搜索平台图书查询步骤

读秀学术搜索平台的网址为 www.duxiu.com，我们可以在浏览器中输入此网址，或者直接在浏览器搜索栏输入"读秀"，下拉菜单会出现"读秀学术搜索"相关内容，确认网址正确后点击进入，便可看到如图 3-11 所示界面。

选择"个人用户"，注册登录，即进入如图 3-12 所示界面。

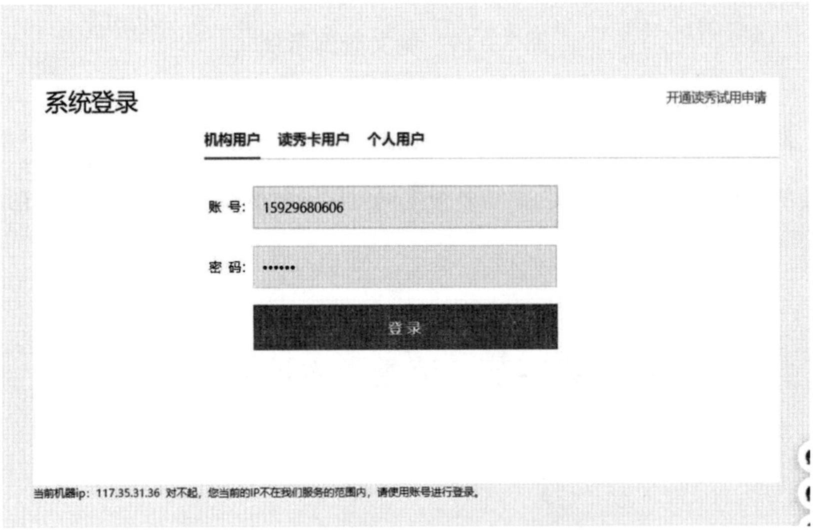

图 3-11 读秀学术搜索注册登录界面

图 3 - 12　登录后页面图示

要搜索图书,则点击网页最上方的"图书"选项,要搜索"学位论文"和"期刊""音视频",则点击相关选项。在搜索栏输入图书名称,如果读秀学术搜索平台收录了相关资源,就可以找到相关信息(含书名、摘要、出版社、出版年、收藏图书馆等重要信息),点击右方的"导出"选项,就可以导出该书的相关信息,如图 3 - 13、图 3 - 14 所示,部分文献可供全文或部分阅读。

总结起来,使用步骤如下(以图书为例)。

(1)选择检索频道,输入关键词,直接检索相关信息。

(2)根据需求对检索到的图书进行浏览,确定需要重点阅读的图书。

(3)获取图书方式:

①点击本馆馆藏纸本,直接进入图书馆联机公共目录检索系统(OPAC)浏览。

图 3 - 13　搜索结果图示

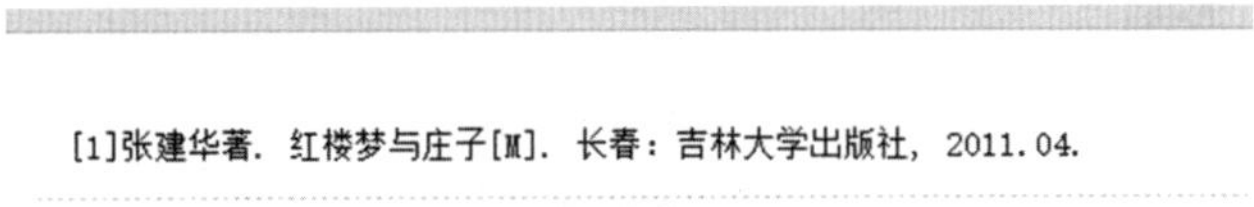

[1]张建华著. 红楼梦与庄子[M]. 长春:吉林大学出版社,2011.04.

图 3-14　文献导出界面图示

②点击本馆电子全文,直接阅读电子书或下载。

③利用图书馆文献传递功能,直接将所需文献的部分内容传至邮箱。

二、读秀学术搜索平台"知识"选项反查指南

如果你觉得某一句话可以很好地佐证自己的观点,但想不起来出自哪本著作,或者你在别人的论文、著作里看到一段引文,觉得自己也可以引用借鉴,但别人又没有标注引文来源,你便可以点击读秀首页的"知识"选项,在搜索栏输入该资料的准确内容,点击"搜索",一般会发现相关资料会出现在很多文献中,我们可以仔细甄别,选择最原始的文献出处阅读、引用。

这种反查,主要是为了鉴别自己的引文是否完整、准确,出处是否为原始资料,资料的标点、字词是否有误,同时可以较快找到原始文献,为我们寻找资料出处提供方便。比如想查阅"至唐人乃作意好奇"的出处,就可以在搜索栏点击"知识"选项,输入"至唐人乃作意好奇"这几个字,再点击"搜索",得到如图 3-15 所示界面。

这次搜索共搜到 490 条相关信息,我们可以根据需求阅读、引用或下载,并找到最可靠的文献出处。

第三章 如何搜集、阅读文献

图 3-15 文献反查图示

第五节 古籍检索

如果是研究古代文献的同学,还需要使用一些特色文献库,比如中华古籍网、籍合网、中国古籍图典资源库等网站,它们可以帮助我们查找、下载古典文献资料,帮助我们做句读、鉴别诗词的平仄及格律信息,以下介绍几种常用文献库。

一、中华古籍网

中华古籍网的网址为 http://hywx.zhbc.com.cn/,内含资料下载、基本古籍书目、古籍知识、获奖书目、句读社区等栏目,如图 3-16 所示,同学们可以根据需要点击相应栏目获取所需信息。

图 3-16　中华古籍网首页界面

二、籍合网

籍合网是目前国内较具规模的古籍整理、辑录的工具性网站,其网址为 https://www.ancientbooks.cn/。籍合网是国内首款古籍整理与数字化综合服务平台,集中整合了多种古籍数字化产品。"中华经典古籍库"是目前正在运营的重点产品。其资源以中华书局整理本古籍图书为核心,同时涵盖多家专业出版社的古籍整理成果,截至 2019 年,上线资源已达到 1900 余种,总计约 10 亿字,数据资源以及合作出版社还在持续增加。该产品目前已经成为专业领域内颇具权威的古籍整理数据库。此外,籍合网整合的数字产品还包括"中华文史学术论著库""中华古籍书目数据库""中华善本古籍数据库""中华文史工具书数据库"等,满足不同用户的阅读与研究需求。其首页界面如图3-17所示。

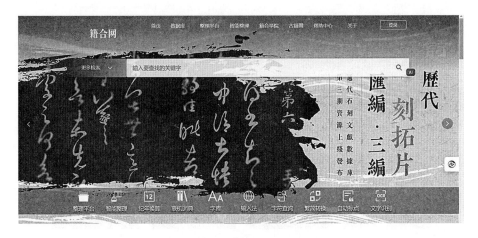

图3-17　籍合网首页界面

"籍合网"的"智能整理"功能非常强大,它包含繁简转化、自动标点、影印版图书文字识别等功能,是整理、辑录古籍文献的好帮手。当然,无论如何智能,它毕竟是机器,我们在查询、转换过程中不能全部依赖它,还是要根据上下文等语境作出判断,进行详细检查,以保证辑录文献的准确性。

三、中国古籍图典资源库

"中国古籍图典资源库"是国家图书馆出版社承担的"国家文化大数据体系建设——基于历代典籍整理的中国传统文化图典深度标引与素材库建设"的阶段性成果,该项目从海量的传统文化典籍中搜集整理出具有中国传统文化特色的图像素材,通过著录、标引、分类,解析出传统纹样图像并进行再创作,形成新的图像素材,为文化创意产业提供新的创作资源。截至2024年,"中国古籍图典资源库"项目已累计完成深度标引传统文化图像10.5万张,传统纹样元素图样2600多个。其网址为htpp://tudian.nlcpress.com,首页界面如图3-18所示。

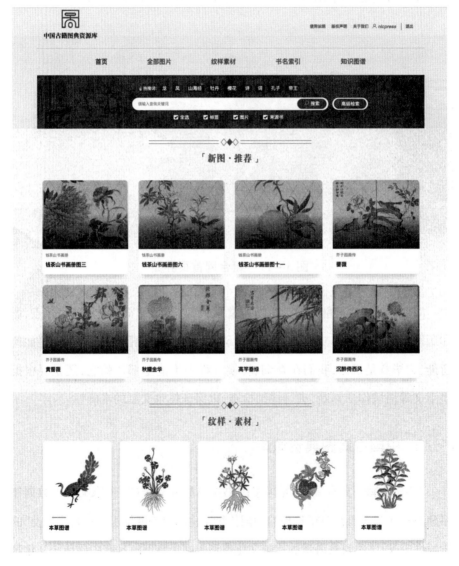

图3-18 中国古籍图典资源库首页界面

以上只是古籍查询中常用的部分网站,同学们可以根据需求在浏览器中搜索择取更多资源。

第六节　如何进行田野研究

纸质文献、网络资源非常重要,但有时仅仅靠纸质文献、网络资源并不能真正找到问题的根源所在,或者选题的原发地在民间和田野,这就需要我们深入田间地头、作业现场进行挖掘访谈,搜集第一手资料,以保证更精准地找出社会发展中存在的问题,继而有针对性地提出解决问题的对策。

田野研究往往是一项持续时间长、调研内容繁杂、涉及人员众多的科研工作,需要投入大量的人力、物力,且调研之前需要做好充分准备,调研之后需要形成调研报告。调研报告是指对某项工作、某个事件、某个问题,经过深入细致调研后,将调研中收集到的材料加以系统整理、分析研究,以书面形式向组织和领导汇报调研情况的一种文书。它能够为政策制定提供借鉴,为社会活动提供依据,为科学研究提供数据等。本节主要讲述问题性调研报告的撰写方法。

调研报告创作主体学术素养的高低直接决定调研活动的成败和调研报告水平的高低。

一、调研主体应具备的素质

(一)发现问题的敏锐眼光

问题性调研报告也叫暴露性调研报告。这种报告的主要任务是通报情况，揭露问题。这就要求调研报告的写作者具备发现问题的敏锐眼光，能够在纷繁复杂的社会生活中发现值得关注的现象或问题。敏锐的眼光来自高度的社会敏感性。凡是社会敏感性强的人，他们的鉴别能力、洞察能力都相对较强。这种人对新情况、新问题经常表现出识别快、反应快的特点，写出的东西一般都较有新意。

他们往往能从改革和建设的实际出发，深刻揭示事物的本质和规律，敢于选择别人未曾选用的主题，敢于揭示别人未曾揭示的规律，敢于提出别人未曾提出的见解，使人们阅读后能受到新的启迪。例如有人针对近几年出现的当兵冷、征兵难的问题，以及以前抢着要留下到如今争着要走的现象，展开调研，形成问题性调研报告，以期引起各级的高度重视，这些都是建立在敏锐的洞察力的基础之上。

敏锐的眼光来自勤于观察和勤于思考的好习惯。观察和思考的习惯使人善于抓住事物的新特点，寻找人们普遍关心的现实生活中迫切需要解决的各种问题。例如有人针对和市民生活息息相关的早餐摊点问题发起调研和思考，对早餐点的规范和管理提出了具有可行性的见解，引起较大反响。这些调研报告的作者在观察思考的基础上形成的调研报告就反映了新情况，研究了新问题，从而对工作和生活产生了积极的意义。

（二）深入调研的实干手段

只有在调研工作深入扎实进行之后，问题性调研报告才能得出较为客观准确的结论。调研工作离不开深入扎实的具体工作，有赖于调研手段的多样性和有效性。调研者通常采用座谈、走访、咨询、查证等手段，发挥不怕吃苦、排除万难的毅力深入基层，到现场收集第一手资料，然后进行加工整理。以下列举几种主要的调研方式。

第一种是开调研会。召集知情人、参与人或者有经验的人开调研会,了解情况,这是做实地调研常用的一种方式。开调研会时,调研者需要提前拟订调研提纲,考虑好调研的内容和方式方法。主持人事先要做好准备,消除与会者的抗拒或者怀疑心理,对咨询中可能产生的各种方案应心中有数,并营造气氛,鼓励参与者积极发言,使参加会议的人互相启发,产生灵感,这就是通常所说的"头脑风暴法"。讨论过程中调研者需要以满腔热忱和虚心求教的态度,尽量多地听取与会人员的意见或建议,必须口问手写,征得与会人的同意后,还可以录音、录像、拍照等。经验证明,"头脑风暴法"往往可以产生大量新方案,是新思想产生的催化剂,特别是对探讨新问题的调研有重大意义。

第二种是专家调研法。专家调研法是以函询调研的形式向参与调研的有关领域的专家分别提出问题,然后将他们的回答进行综合、整理、归纳,又匿名反馈给专家,再次征求意见,并加以综合、整理、反馈……经过多次反复循环,最后得出一个比较一致的意见。它是在专家个人判断和专家会议的基础上发展起来的一种调查研究方法。

第三种是收集资料法。收集资料法是从书籍、报纸、杂志等公开出版物中,或从内部保存的档案中,或从照片、录音、录像以及电脑储存的信息中,收集、检索与调研项目有关的材料和信息。这样收集来的资料一般都是第二手材料,经常需要用第一手材料加以印证和补充。

第四种是实地取证法。这种方法是最重要、最常用的调研法,也是最基础的环节,离开了实地调研取证,容易得出片面甚至错误的结论,调研报告也就失去了它的价值。实地调研可以是明察,也可以是暗访,调研者可根据需要制订实地考察的行动方案,配合适当必要的录音、录像设备,把所见、所闻、所感用实物的形式展示出来,客观地反映事物的原貌真相。

(三)分析问题的抽象思维能力

从繁杂的事实材料中抽象归纳问题的实质,我们需要从历史的角度出发,用发展的观点分析问题,在研究的深度上求突破,进而挖掘出带有规律性、具有普遍意义的东西,撰写出精品调研报告。

一是要具备发展的眼光。事物是不断发展变化的,我们调研时要做到全方位、多视角,对调研对象的正面和反面、历史和现状、部分和整体都要辩证地分析,这样得出的调研结论才能周密深刻。例如,研究者在针对我国欠发达地区新型农村合作医疗的调研中发现"新农合"在参保人数不断扩大、成效显著的同时,也存在筹资工作难度大、经办机构开展工作难度大等问题,并就此提出了促进"新农合"发展的对策,为"新农合"的健康发展提供了参考。

二是要站在全局的高度。调研报告就是把感性的东西理性化,表面的东西实质化,揭示出事物的本质和规律。我们如何借助分析的解剖刀,站在全局的高度分析问题,清除视觉上的盲区,把握问题的实质呢?一方面需要用党的方针政策和创新理论衡量所调研的情况和问题。例如,对国家所提倡的"过紧日子",有人理解为"过穷日子",而不想办法解决现实问题。有人则按照"过紧日子"的精神,自力更生,发展生产,努力解决问题。哪一种方式可取?高下立现。另一方面需要对照先进经验分析研究。调研者可根据经过调研得来的事实材料、得出的观点和结论、提出的意见和建议,分析哪些内容有普遍指导意义,从而去粗取精、去伪存真,作出正确判断,找出有规律的内容。

(四)能提出切实可行的建议措施

撰写问题性调研报告的目的在于让群众了解真实情况,同时也为领导实施科学决策提供重要的参考依据。写作的难点不在于把思想观点变成文字,而在于形成有价值的思想观点,提出有创意的办法措施。问题选择的典型性与对问题纵深度的把握十分重要。

问题选择的典型性。要选择有典型性的问题进行研究,并将调研事物所蕴含的共性与其鲜明生动的个性结合起来。共性是调研对象的价值内核,反映的是调研对象内部稳定的联系。而个性则是调研对象的独特外衣,显示的是调研对象的个性化特征。只有将典型问题的共性规律与鲜明个性结合在一起,才能使问题性调研报告中提出的措施具有较高的可操作性。

对问题纵深度的把握。只有思考问题或现象的深层原因,才能把握这种问题或现象是怎样发生的,直接的原因是什么,间接的原因是什么,什么人或单位要承担什么责任,这些行为导致了怎样的后果等一系列问题。只有对事物产生的前因后果,对事物背后的复杂因素进行深入剖析,才能找到问题的症结,有针对性地提出切实可行的对策措施。

(五)能准确恳切地进行表述

语言是思想的衣裳,具有鲜明的"外显性"。问题性调研报告的撰写目的是揭示问题、改进工作,所以在语言表述上与其他类型的调研报告相比有更高的要求。它的语言依附于具体、完整、确凿的事实,一般不需要演绎和推理。这种类型的调研报告,政治性、原则性强,必须以对人、对事业高度负责的精神来写作,要求结构严密、语言表达准确恳切。

准确是就报告的事实、数据、结论而言。调研报告中的事实是客观存在的,不容许过度想象或者捏造。如果事实不准确,那么调研的结论必然是错误的。调研报告中的数据是对问题进行定量分析的依据,不容夸大或缩小,更不允许虚构。如果数据不准确,那么就不能准确把握问题的实质,得出的结论必定缺乏说服力。调研报告的结论是建立在事实的基础上,经过科学的分析产生的,科学结论必须兼备必然性和客观性,如果是牵强附会或者主观臆断的结论,调研报告就不具备实用价值,也就没有任何意义。

恳切是针对报告的态度、语气而言。问题性调研报告的写作目的就是揭示问题、"治病救人",出发点是解决问题,而不是单纯地暴露问题。因此,用恳切的态度和语言写作容易让人信服,提出的建议更容易让人接受。反之,高高在上、高举指挥棒式的写作态度往往会适得其反,不利于问题的解决。

二、调研过程

(一)前期准备工作

1. 明确调研目的

任何田野研究都会围绕某个既定目的,比如"了解社会现象、解决问题、验证假设"等。因此,在展开调研之前,自己必须明确通过调研要了解什么社会状况、解决什么社会问题等,如此我们才可以围绕核心问题确定调研对象、设置调研问题和过程、准备调研工具等。

2. 确定调研对象和主题

确定调研对象要注意以下几点。

第一,选取比较典型的调研对象。比如,要调研绥德石雕,就应当首先选择国家级非遗传承人鲍武文作为调研第一站。如果要调研陕北乡村振兴现状,佳县赤牛坬就可以作为调研对象之一。

第二,选取调研群体比较集中的地域。比如要调研非遗传承人和非遗保护现状,就可以选择各地的非遗保护中心和文旅局负责人作为调研主体。因为各地的非遗保护中心包含各地非遗的主要展馆，我们可以从中整体把握当地非遗的当前状况和历史沿革，文旅局负责人则可以为我们提供翔实的非遗传承数据，供我们甄别与分析。

第三，多选取几个调研点，以便找到纵向和横向比较的数据资料，便于推导出更为准确的结论，并针对普遍存在的问题提出妥当的对策供有关部门和专家学者参考。

3. 准备好调研工具

很多时候，调研对象并非一人一地。我们在调研之前必须准备好针对不同对象的调研主题，免得大批人马浩浩荡荡跑过去，走马观花地看了一遍，该问的没有问，该记录的也没有记录。

为了防止出现如此尴尬的局面，我们应该事先了解调研地的历史、文化和社会背景，准备一个比较详细的采访提纲和需要发放的调查问卷。

除了问卷调查，访谈也是获得一手资料的重要途径。因此我们还要准备必要的记录工具，比如两到三支录音笔、若干支碳素笔、两部高清相机、两台以上笔记本电脑、三个U盘、两个充电宝、三个多功能充电器等，必要的时候还应该准备无人机以方便拍摄需要。

（二）调研问卷的准备

在设计调研问卷时，应当注意以下事项。

第一，再次明确调研目的，并将其体现在问卷开头部分。

第二，要注意问卷格式的设计。比如，想要调研中学师生对于非遗进校园的意见和建议，那问卷就要涉及教师和学生两个部分，仅有教师部分或仅有学生部分都是不完整的问卷。

第三，为了答卷方便，问卷一般都是以单选题作为核心，以多选题作为辅助，以问答题作为补充，同时还要注意各问题之间的逻辑顺序和内在联系，使问卷显得层层深入、有条不紊。

第四，我们要仔细检查问题和答案选项，确保清晰明了，不能模棱两可让答卷者无法作答。同时，我们还应注意调查问卷的语言要通俗易懂，除非专业需要，一般不要掺入太过艰涩的字词。

第五，我们要确保回答问卷的对象的确具有代表性，能够代表想要调研的某一群体。同时，调研工作很少能够一日完毕，因此合理制订调研计划能够使调研工作井井有条。

（三）调研后期工作

准备工作完毕以后，我们可以按照调研计划逐步完成调研工作。这个工作短则耗时数日，长则耗时数月，甚至数年不等，我们必须依照一定的程序做好记录、资料收集与分类保存等工作。

与此同时，及时对采集到的数据进行科学分析、归纳总结、按类归档，并适时举办项目中期汇报研讨会。在此基础上，根据调研结果和集体讨论情况，对调研问题进行深入思考，撰写调研报告。

第七节　如何阅读文献

收集到海量文献后，我们又该如何阅读呢？

一、泛读所有资料

经过一段时间的搜集、整理,手头掌握的资料已经足够丰富时,我们将进入文献消化阶段。在这一时期,我们要集中精力,将手头的资料浏览一遍,对其进行初步分类。有的书在这一阶段就可以大胆弃之不用,有的书只需要浏览一下前言、目录,有的书需要阅读部分章节,而有的则需要摘录个别段落。

泛读阶段,其实就是去粗取精的阶段,我们需要大刀阔斧删削去留,以便将有限的时间留给更有价值的文献资料。

二、精读重点资料

在精读阶段,我们就要对泛读阶段筛选出来的精品资料进行细致初读,对有的作品还要一再琢磨,弄清楚它们的结构、主要内容、语言特征、叙事线索等。

对文学作品而言,我们要着重关注其主题、叙事特征、人物形象、情节场面、语言特色等;对评论性著作而言,我们要先看目录,再看绪论,了解其内容主旨、章节分布、章节之间的逻辑关系和叙述、说明、议论的方式等,然后逐一看完各章节;对期刊文章而言,我们要先读论文摘要,注意摘要的写法,然后看文章的论点,以及结构如何布设,各段落之间有何内在联系,如何过渡,如何承上启下等。

看完这些需要精读的作品,我们对某一领域的现实态势、研究现状、自己需要研究什么等就会有一个基本的了解。

三、做好分类笔记

在泛读和精读的过程中,我们需要去粗取精,剔除无用信息。通过文献分类,我们可以把无序的原始资料变成有序的材料,以便后期查找、使用。既可以按照著作、期刊、硕博论文等类型,分类归纳,也可以按照文献的年代分类。

在阅读过程中,我们最好把这些文献都做成电子资料库,分门别类存放。对于著作,记录其作者、书名、出版地、出版年、参考页码等信息;对于期刊,记录其作者、文献名、刊名、期号、参考页码等信息;对于硕博论文,记录其作者、文献名、作者毕业院校、公开年限等信息。这些记录可为日后的引用提供极大的方便。

泛读阶段和精读阶段的分类工作的重点是不同的。

(一)泛读阶段的分类

泛读阶段主要是对文献进行"粗加工",是文献整理的初级阶段。

1. 按材料载体分类

材料载体有纸、磁盘、光盘、网络等,不同载体的性质、特点和贮存要求也不尽相同,分类归档时要格外注意。

2. 按研究方向分类

在文献搜集过程中,除了集中精力搜求与目前正在进行的研究项目相关的资料外,也应该注意自己比较感兴趣的、未来可能展开研究的科研信息,并根据需要分门别类设立文献资料库。

3. 按内容线索分类

这种分类整理并无明确的规定,一般情况下根据课题性质和原始资料的内容将所有资料分为几大类就可以了。比如,将与党史相关的内容都集中在"党史文献"文件夹中,将与八股文相关的论文、论著放在"八股文资料"文件夹中。

(二)精读阶段的分类

在精读阶段时,我们对手头的资料已经有了通盘的了解,可以从数据汇总、主要观点等多方面对文献进行深层分析后再分类。

1. 按照课题的内部结构分类

这种分类要尽可能地深、广、细。比如课题所涵盖的对象有哪些、内容范畴有哪几类、研究界限为时间还是空间等。例如,在研究陕北非遗传承人现状和发展趋势方面的课题时,可以按民歌、小曲、说书、道情、泥塑、木雕、石雕、腰鼓、唢呐等类别分别建立数据库,每一类还可按照内部差异再进行细分,比如陕北道情又可分为东路道情和西路道情,东路道情又可分出各类唱腔、配乐和表演形式等。这种分类越细,越有利于后续的文献使用。

2. 按照观点分类

在精读文献的过程中,我们要注意搜集某领域内相关、相近、相反的各类观点,并记录持这些观点的代表人物有哪些、哪些观点有争议,再对不同观点进行剖析,对相近观点进行比较归并,对相同观点鉴别去重。

上述步骤是阅读文献必须要经历的过程,在此过程中切忌眼高手低或走马观花,一定要踏踏实实、认认真真地比较、甄别、记录,如此方能为以后的研究工作打好基础。

四、及时记录感悟

日常学习与记录文献时,不但要记录与文献相关的重要信息,更要注意一旦心有所悟,就要立刻记录下来,决不能偷懒。因为我们阅读那一刻产生的感悟是最鲜活、最接近直觉的,但也可能转瞬即逝,难以深度记忆,所以要及时把这些稍纵即逝的灵感捕捉下来。

第八节 交互式实操训练

交互式实操训练是学习文献搜集和阅读的有效途径之一,但目前一些高校尚未认识到这一训练的重要性,导致学生没有机会接受更为系统的科研训练。

所谓交互式实操训练是指在教师授课过程中,学生不能只是单纯地接受文献搜集和阅读方法的理论灌输,而应当实时与理论链接,积极主动配合教师的教学,在教师的指导下每节课进行为时 20~30 分钟的实际操作(比如在各类网站查询下载资料等),即让自己在充分理解理论的基础上进行实践练习,从而真正掌握相关技能,由科学研究的"实习生"变成"熟练工"。

一、实操练习的必要性

工欲善其事,必先利其器。面对浩如烟海的各种文献,学生必须通过多次实际操作才能真正掌握查询文献的方法。当前文科本科课程与硕士研究生课程普遍存在偏重理论教学而缺乏实践操作、理论和学生的实际需求脱节等弊病。因此,根据研究生的实际需求设置交互式实操训练课程,在课堂上将理论讲述和实操训练紧密结合是学生快速掌握相关研究方法和技能的重要途径,且对促进理论与实践的有机结合、提高学生培养质量具有重要意义。

二、教学与实操的关系

李春燕等人总结了麻省理工学院、加州理工学院、苏黎世联邦理工学院的实践课程设置经验后说:"一流本科课程建设注重培养和训练学生解决实际问题的能力,旨在让学生学有所获、学有所用,而实践活动是其中重要的实现手段,因此,国内高校在教学大纲和人才培养方案中对实践活动有具体要求。譬如,规定理论课与实践课课时占比、要求课堂演示实验套数和次数等。"①这种理论虽然是针对理科而言,但鉴于当前社科领域教学中存在的显著问题是理论和实践的关联性不够,故而这种实践性训练在文科教学过程中更应该得到加强。

文科研究生教育作为高等教育的高级阶段,应该比本科阶段更注重培养学生的创新思维和实践能力。在教学过程中,理论教学与实操是相辅相成的两个部分。理论教学为研究生提供了扎实的知识基础,而实操则有助于研究生将理论知识转化为实际技能。因此,研究教学理论与实操的交互作用机制,对于优化学生培养模式和提高教育质量具有重要意义。

沈芳等提出:"在现代教学过程中,教和学始终是一对矛盾。教和学之间既有共同的目标,又有着对应的张力。在传统的教学过程中,主要是以教师的课堂讲授为主、学生自主学习为辅,来完成整个教学过程。然而,这一传统的教学方式并未取得最佳的教学效果,不能将教学潜力发挥到极致。尽管传统教学方式在很长一段时间内为人诟病,但是,要对传统的教学方式进行改革也并非易事,一方面教学改革需要有好的教育理念才能实施,另一方面好的教育理念要配合正确的教学方法才能够完成。"②要解决"教"与"学"之间的矛盾,理论与实操并重的教学方式值得被提倡,理论与实操之间的相互作

---

① 李春燕,银燕,余同普.物理类课程实践环节设置研究:以麻省理工学院、加州理工学院、苏黎世联邦理工学院为例[J].教育教学论坛,2023(50):5-8.
② 沈芳,李成彦.应用文科本科专业教学改革[M].上海:同济大学出版社,2019:3.

用表现为指导、引领与反哺、印证的过程。

一方面,万丈高楼,筑基为要。创新思维首先要以坚实的理论知识为基础,故理论的讲述在大学教育中必不可少。通过系统的理论学习,学生可以了解学术研究的基本原理、方法和技巧,为实操提供理论依据和指导。另一方面,实操亦可反哺理论,能够检验和丰富理论教学。通过实操,学生可以发现问题、解决问题,并将实践经验反馈到理论学习中,促进理论的完善和发展。

基于此,我们可以认为,在文科本科生和研究生的培养过程中,单纯地宣讲理论并不能提升学生的综合素质,而适度以理论与实操相结合进行讲授会很直接地提高学生的综合素养。比如,笔者在"研究生论文写作"的课堂上讲授文献查询方法时特意设置了两个对照组。第一组以理论讲述为核心,第二组以细化的方式一边讲理论、一边现场组织学生练习文献查询的方法。最后发现,第二组在课后至少有90%的同学已经掌握了各种文献搜索与反查方法,而第一组明显效果不佳。

再如,在讲授田野研究法时,笔者在课前根据学生的研究方向设置了几个研究课题,分发给学生让他们自主分组规划就近可以调研的对象,并确定调研方法,做好访谈准备。在课堂上,笔者简要介绍了田野研究的步骤及注意事项,检查了几个同学的调研提纲,指出不足之处并现场指导,让学生改正。随后立刻让学生进行模拟调研,并在下一堂课让每组选出代表汇报调研结果,学生探讨优劣,教师总结。在这个过程中,学生不但掌握了田野研究的方法,而且懂得了如何规避风险和无效工作,教学效果十分显著。

需要强调的是,学生的知识储备、学习态度和实践能力等也会影响教学理论与实操的交互作用。具备扎实基础知识和良好实践能力的学生能够更好地理解和应用理论知识。因此,学生在学习过程中要多读、多练,以优秀的文章、调研报告为拐杖,同时紧跟授课教师的思路,多看多问,勤学善思,在充分的实操练习中逐步提高自己的科研水平。

课后练习:

1. 我们如何从日常生活中积累材料?请举例说明。

2. 请就某一主题在中国知网搜索最新研究成果十篇,并罗列相关篇目信息。

3. 你是如何阅读文献资料的?请阅读一篇搜集到的论文,分析其摘要的主要结构,并列出文章的纲目。

4. 请根据你感兴趣的研究主题设计一份调查问卷,并通过线上、线下等方式发放回收,根据数据作出问卷分析。

5. 请描述交互式实操训练中可能存在的问题并提出相应的对策。

第四章　如何设置章节及撰写开题报告

提纲于论文而言,就是能够反映论文的中心线索与关键题旨的框架。提纲清晰而中心突出,搜集文献时就能有的放矢,论文写作也就会比较顺利。

这就意味着,题目确立之后,我们仍然不能贸然动笔,要继续理顺逻辑关系,画出思维导图,写出清晰完整的章节纲目。完整、清晰的章节纲目对撰写开题报告有极大的帮助。

第一节　如何画出思维导图

思维导图的发明者是英国的脑力开发专家托尼·博赞(Tony Buzan),思维导图被定位为一种辅助思考的工具,可以充分运用左右脑的机能。

一、思维导图的定义及作用

胡雅茹认为:"从某个层面来说,思维导图是一种图形化的思考工具,把脑中的思绪与思考脉络以图像与逻辑的形式呈现,让我们能轻易了解到自己的思考有无缺失。"[1]有人认为思维导图是"通过对信息进行系统化的整合,从而开启大脑新的思考,也就是激发联想。它是通过不同颜色来区分不同的主题,通过线条来表达逻辑概念,同时通过图像和符号来突出重点所在"[2]。也有学者认为,思维导图是"以一种独特、有效的方法掌握词汇、图像、数字、逻辑、节奏、颜色、空间感以及理顺思维的技巧。制作思维导图时,越有新意越好。因为人脑对图片和颜色反应更佳,所以可以通过添加颜色、图片或者将词语和图片变成三维的来丰富它,也可以通过添加特殊符号前后对照各分支或者添加各种特征,让它个性化,尽可能地赋予它视觉冲击力,以增加视觉效果"[3]。简言之,思维导图就是将构思论文时思维运行的轨迹图像化。

对于大学生来说,思维导图主要有以下作用。

①提升逻辑思维能力。由于绘制思维导图时人们会进行全方位的思考,把大脑中的思维模块依照一定的层次和次序安放在合适的位置也需要一定的逻辑思维能力,因此经常绘制思维导图自然会有效提升学习者的逻辑思维能力。

②激发内心潜能。"思维导图本身正是结合了扩散式思考与收敛式思考,绘制思维导图的过程,充满着可视化的记录,很容易帮助你完成一场'扫除自我盲点'与'激发自我潜能'的提升。"[4]很多时候,我们的思维都无法像机器一样按部就班、丝毫不乱,甚至会乱七八糟毫无头绪。此时我们可以试着把自己思考的几个主要方向画在纸上,然后寻找它们之间的内在联系,也

---

[1] 胡雅茹.我的第一本思维导图入门书[M].北京:北京时代华文书局,2020:21.

[2] 蚂蚁.思维导图:简单、高效的思维整理术[M].北京:中国法制出版社,2020:3.

[3] 曾洪英.论思维导图在高三物理复习中的反馈[J].教育,2018(39):20.

[4] 胡雅茹.我的第一本思维导图入门书[M].北京:北京时代华文书局,2020:9.

许很快就会厘清其逻辑关系,把"不可以"变成"高效率",这种过程实际上激发了我们的潜能,让我们勇于尝试和分析。

③传递重要信息。一份好的思维导图不但层次清晰,而且重点突出,能够给读者以直观的视觉冲击,让人们能够摒弃冗余信息,一眼抓住中心内容和关键环节,作出最快、最佳的判断,帮助我们节省时间,简化科研程序。清代八股文的文体形态研究思维导图如图4-1所示。

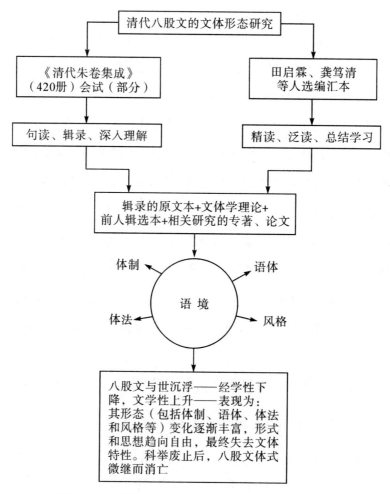

图4-1 清代八股文的文体形态研究思维导图

在图 4-1 中,我们不但可以看到作者的主要研究对象和简要的研究方法,而且可以看出文章的主要结构和主要结论。一张图,几乎囊括了几十万字的《清代八股文的文体形态研究》①的中心内容,可以算作较明晰的思维导图。

二、如何绘制思维导图

绘制思维导图既然有如此多的好处,那我们就应当在尽可能多的领域将思维导图利用起来。可为何许多同学会对思维导图望而生畏、敬而远之呢?对一些未曾接触该学习工具的同学而言,他们有可能认为绘制思维导图枯燥、烦琐且浪费时间。他们往往将自己的思维禁锢于早已习惯的死记硬背或者随意拼凑,不愿意进行系统性思考,也没有图画式的记忆习惯,故而这种本来很好用的学术研究方法就被他们束之高阁。

"磨刀不误砍柴工""工欲善其事,必先利其器"。绘制思维导图的作用正是"磨刀"的过程,是"利其器"的步骤,我们不妨一试,就能知其功效究竟如何。在介绍绘制过程之前,先介绍一下绘制思维导图的误区,以免大家踩坑或者畏难放弃。

(一)绘制思维导图的误区

1. 忌不思而为

思维导图的作用就是厘清自己的思路,明确自己的研究范围、方法、过

---

① 张建华.清代八股文的文体形态研究[M].长春:吉林大学出版社,2003.

程、结论。如果一个人对某个主题根本没有思考，贸然开始研究，就像嗑着瓜子逛大街，走到哪儿看到哪儿想到哪儿，毫无目的，那思维导图就形同虚设，毫无意义。

2. 忌杂乱无章

一份好的思维导图一定是思路清晰、布局合理的。如果一个人绘制的思维导图看上去如同迷宫，那肯定是无效的。

3. 忌面面俱到

李渔在《闲情偶寄》中说戏剧创作应当"立主脑""减头绪"。这种说法不仅仅有利于戏剧创作，也有利于学术研究。如果你绘制的思维导图中，研究中心超过三个，那根据这个思维导图去展开工作就会非常困难，因为必须把几个领域内的重要文献都纳入阅读视野，且要将所有文献融会贯通。这就会面临极大的工作量，如果融会不当，就可能功亏一篑，前功尽弃，所以设定多个中心是一种非常冒险的做法。比较有效的思维导图，其中心最多不能超过两个，且这两个之中必须有一个是中心论点，其他论点、论据皆为涓涓细流，以万川归海之势为该中心服务。

4. 忌过精过散

思维导图，以"导"为目的，故而图中内容就不能过于精细或者过于散漫。过精则千头万绪令人眼花缭乱，失去了"导"之功能；过散，则只能略知皮毛，无法深入。在申报项目或者撰写学术论文时，尤其要注意思维导图不可过散。

(二)思维导图绘制的步骤

对文科生而言,绘制思维导图,仍然是建立在大量阅读、归纳文献的基础之上。只有在比较清晰地了解自己所研究的领域的基本情况,明确自己要研究哪个对象、要研究这个对象的哪些方面时,才可以绘制思维导图。

我们要准备几张 A4 纸,一盒彩色铅笔,先将内容的主干用同色的笔,或者每一个同级层次用同色的笔画在纸上,然后像给树干添加枝叶一般逐层绘制。在这一阶段,千万不要着急或者图方便直接用 WPS 或其他软件的智能模式去绘制,毕竟智能模式不可能概括全部思维模式,不可能全方位还原你的思维过程,且那些智能模式很可能会禁锢你的思维图像,让你不得不削足适履。只有在熟练掌握了手动绘图技巧之后,我们才可以慢慢使用智能绘图,并且要熟练地掌握智能模式的各种操作技巧和方法。

智能图有柱状、饼状、线条状、框状等形式,我们可以根据自己的需求和相关内容寻找对应的智能图式,再根据内容增减元素。

列好提纲并绘好思维导图之后,就可以将打印好的提纲和思维导图放在电脑旁,正式开始写作了。日拱一卒,功不唐捐。

第二节 如何设置章节

一篇大论文的章节,简单来说,相当于几篇相互关联的小论文按照一定的逻辑顺序和层次组合在一起。以此观之,就不难理解硕士论文的章节设置问题了。

本科论文的容量和逻辑关系的复杂性都远远低于硕士论文。除了前言和结语,一般分为三个部分比较合适。每一个小节分别说明关键词的一个侧面。研究生的论文稍有不同,一般是每一章分别说明选题的一个部分,各部分共同阐释选题的关键词及主要内容。由此推衍,我们可以将设立章节的过程分解为以下步骤。

一、试写论文摘要

在对论文整体内容有比较全面的构思时,我们可以将构思好的内容梳理成一个论点明确、方法得当、结论清楚的论文摘要。摘要是对整篇论文主要内容的提炼和对研究路径的总结。

有的学生根本不知道摘要为何物,把摘要写成了前言,如下所示。

许慎在《说文解字》中指出:"父,矩也,家长率教者,从又举杖。""父亲"这一形象,在中国文化中富有深厚的道德与权威原形意义。文学作品中,对父爱的追踪从古至今一脉相承。最早可追溯至《诗经》,而到了现代,高鸿这部描写父亲的文学作品《农民父亲》具有独特的文化象征意义。《农民父亲》如同一幅时代的画卷,展现了大时代背景下普通百姓的悲情人生,他们一生都在付出,他们的一生都很辛苦。父亲的一生历尽磨难坎坷,父亲那一代人,用他们的勤劳质朴,走过了艰辛的人生历程。朴实无华、辛勤耕耘、一生勤劳的父亲,他永远是我们面对人生、砥砺前行的精神港湾和力量源泉。这本书以其深刻的内涵和感人至深的情节,引起了无数读者的共鸣和思考。

陕西是中国的文学大省,大家云集,佳作迭出。除了我们熟知的柳青、路遥、陈忠实等知名作家外,高鸿是陕西省一位文学创作成绩斐然的作家。高鸿,陕西富县人,中国作协会员,陕西省工艺美术大师,咸阳市文联主席,咸阳市有突出贡献专家,长篇小说《农民父亲》荣获吉林省第二届新闻出版精品奖、陕西第二届柳青文学奖。

高鸿先生在获奖感言中提到,他创作的长篇小说《农民父亲》,是想通过对中国农民朴实面貌的真情描写,对深植中国农民内心深处的真挚、善良、坚韧的优秀品质进行充分肯定和张扬,为我们的父辈树碑立传。高鸿出生在一个普通的农民家庭,作为农民的儿子,从小在农村长大,经历过文化大革命,亲历过农村生活,因此,能以农民的视角、亲身的经历来描写纯粹的农民生活。

从上面的摘要可以看出,该篇摘要的写作者对论文摘要的理解存在偏差,导致其把摘要写成了类似于前言且啰唆重复、逻辑混乱的大杂烩。在这样的基础上,怎么可能创作出逻辑清晰、论点鲜明、论据有力的论文呢?

如果你不会书写摘要,建议多阅读核心期刊的论文摘要,仔细揣摩,认真体会,必有所得。清华大学李飞跃先生的论文《倚声改字与词体的律化》的摘要就非常值得借鉴。

《词源》中关于张枢倚声填词、审音改字的记载,表明南宋文人词已采用雅乐一字配一音的协音方式,这既有其音谱、歌法与声律方面的依据,也有颇多不合乐理及与倚声传统抵牾之处。通过张枢审音改字与姜夔、沈义父、杨缵、周德清等有关词曲倚声改字的比较分析,可知这种变化是当时文人以雅乐改造词乐、重新规范倚声填词与唱词所致,它赋予"倚声"以新的含义。从早期曲子词的"依曲拍为句""曼衍其声",到南宋雅词的"一字一音""音节皆有辖束",倚声方式的改变促使词体格律的形成与律词的兴起,并在俗词、俚曲交侵下力保词体独立及其一代文学之地位。①

以上摘要条理清晰,重点明确,结论得当,可以称作摘要之典范。它指出本篇论文主要通过对张枢审音改字与姜夔、沈义父、杨缵、周德清等有关词曲倚声改字的比较分析,探讨倚声改字与词体律化之间的关系,得出的结论是:这种变化是当时文人以雅乐改造词乐、重新规范倚声填词与唱词所致,它赋予"倚声"以新的含义;这种倚声方式的改变促使词体格律的形成与律词的兴起,并在俗词、俚曲交侵下力保词体独立及其一代文学之地位。

二、确立论文关键词

论文关键词是把论文的关键内容用3～5个高度凝练的词总结出来。在充分把握文章材料、厘清摘要内容的前提下,我们可以从纵向、横向、历时、共时、叙事学、传播学、接受理论、语言学等各种可能的角度拓展思维,最终确定论文关键词。在此过程中须注意关键词之间的内在关联性,以保证论文提纲在逻辑上的严密性。

比如有一名学生在确定论文的题目为《小学语文教学与传统文化融合机制研究——以西安未央区小学为例》后,将关键词确定为"传统文化""小学教育""小学语文教学""存在问题""解决策略"。但仔细分析,"小学教育"和"小学语文教学"互相包含,显然是不合理的,"存在问题"也过于笼统。分析后,根据题目,将关键词确定为"小学语文教学""传统文化""教育机制调

---

① 李飞跃.倚声改字与词体的律化[J].文艺研究,2017(2):57-65.

研""解决措施",或者更为妥当。

汪晖先生《阿Q生命中的六个瞬间——纪念作为开端的辛亥革命》[①]一文的关键词可以作为我们学习的标杆。该文试图对《阿Q正传》作出新的解读。作者通过对阿Q生命中的六个瞬间的细致分析,展示"精神胜利法"的片刻失效及失效后的结果。通过对作品另辟蹊径的解读,作者系统地回答了《阿Q正传》研究史上的三大经典问题:其一,作品的叙述方式是否发生了断裂?其二,阿Q及其"精神胜利法"是国民性的代表,还是特定阶级的思想特征?其三,阿Q真的会革命吗?作为国民性典型的阿Q与作为革命党的阿Q在人格上是一个还是两个?在回答这些问题的过程中,作者提出了一系列事关中国革命的历史解释和文学叙述的重要问题:如何界定阿Q的阶级身份和社会类型?如何在"重复"中界定"革命"?在《阿Q正传》中,历史与本能、意识与潜意识、精神与身体是什么关系?如何解释鲁迅的"向下超越"?综合以上内容,汪晖先生把论文的关键词确定为"国民性、鬼、辛亥革命、直觉与重复、精神与身体、正史、向下超越"。

论文的第一部分描写了"《阿Q正传》的叙述方法与国民性",第二部分讲述了"直觉、重复与革命:阿Q生命中的六个瞬间",第三部分阐述的是"鲁迅的生命主义与阿Q的革命",附记阐释了"阿Q时代的死去与活来",关键词很好地概括了论文的主要精神宗旨。

---

① 汪晖.阿Q生命中的六个瞬间:纪念作为开端的辛亥革命[J].现代中文学刊,2011(3):4-32.

三、围绕关键词确定中心内容

所谓中心内容,我们可以把它比作人体的骨骼,所有材料都要如同血肉一样紧紧依附在骨骼上,而文章脉络如同筋脉、血管,起到上通下达的作用,如此紧密配合才能使文章显得血脉贯通、气度娴雅。

在此环节,我们还可以根据关键词预先设定何处该浓墨重彩,何处该惜墨如金,不能皆为泛泛之谈,缺乏重点。

四、确定章节顺序和内容

中心内容确立之后,章节就要紧紧围绕此中心着墨设色,中心内容犹如大海,各章节犹如百川。需要注意的是,各章节应主题明确,各司其职、各就其位,从而保障各章节可以共奔主题。

五、删除无关紧要的内容

章节确立之后,我们要再次审视题目、摘要及手头的主要材料,考虑论文整体的逻辑性、关联性,大胆删除不必要的内容,使文章结构更加紧凑,浑然一体。

六、按照逻辑顺序调整章节顺序

最后,我们要再次按照因果、转折、总分、分总等逻辑规律调整章节顺序,再次观其详略安排,合理调整,使文章气脉贯通、水乳交融。

如此,章节设置已经完成,我们也就基本完成了提纲的撰写工作。当然,提纲并不是不可以改变的,我们在论文写作过程中可以根据需要不断调整、优化提纲。

第三节　如何撰写开题报告

一、开题的目的和作用

（一）开题的目的

开题是学位论文写作必不可少的一个环节，其主要目的在于让学生在前期研究的基础上以文字形式系统梳理自己的思路，将思路的精华呈现在开题报告中，并提交同领域专家及导师，请他们一起为开题报告中确定的论文题目把关。

很多人对开题报告书不是很了解，尤其是第一次写开题报告书的学生，往往将开题报告书想象得非常神秘、晦涩。其实，我们可以将开题报告书理解为一份投资规划书。开题就是你要获取开题专家对你的选题及研究计划的认可。这很像是一个刚刚做出来一点眉目的小公司，想向众多风险投资者融资。所以，我们可以将参与开题的老师和专家理解为风险投资者。想让投资者为自己投资，就得先说服他们。

想要争取投资，你得向投资者说明三个问题：第一，你的项目是值得投资的，也就是说，你的项目是有价值的。第二，你的项目与其他的项目相比有何不同。如果你的项目已经有很多人在做，并且已经做得很好，比如你想开发一个和微信类似的社交软件，那获得投资的可能性就很小。你得说明你的项目与其他项目有何不同，也就是说，你的项目是具有独创性的，只有这样，才有可能获得投资。第三,你得进一步说明,你有办法把这个项目做出来,也就是可行性问题,不然,项目虽然具有独创性,可是没有现实操作性,人家也不会给你投资。

(二)开题的作用

开题的本质是破题,其实质就是项目选题的落实与研究的开始。经过选题策划,你已经明确了研究目标,知道需要研究的对象是什么,这时候,就需要列出一个研究计划。从这个角度看,开题报告就是你的研究计划。一个好的研究,一般源于一个好的开题。很多学生撰写论文时频频受阻,往往与选择了一个错误的题目、没有找到有价值的题目密切相关。

我们要深刻理解开题在整个研究之中的"战略"意义。它与论文之间是问与答的关系,只有提出一个符合学术规范、属于学科范围、具有学理价值的问题,才能创作出有价值的学术论文,且创作过程中也会一直有明确的指引,不会总是步入"歧途"。

二、开题报告的主要内容

各学校开题报告模板不一,但大都包含如下内容。

(一)研究价值及意义

本部分着重说明选题的研究价值,一般从社会历史价值、文化价值、学术价值等方面简要阐释。

以下内容为兰州大学文学院杨丽花同学为《晚唐五代文学与文化共同体建设》一文所撰写的"研究价值及意义",整体言之有物且言之有序,十分精练又特别厚重,值得青年学生反复研读揣摩。

    文化乃一国家民族精神传统、价值理念之重要承载,它是族群成员确立自己的族群定位和价值归属的核心参照体系,更是以其伟大的凝聚力保证一个国家民族生存发展、延绵不息的强大精神力量。文化共同体是以文化的同质性为纽带,基于共同或者相似的价值理念的引导、规范、约束,使社会成员形成大致相同的文化观念、共同的文化记忆、共同的文化精神以及共同的文化生活。它在促进国家认同、民族认同、文化认同、价值认同,形成国家社会的凝聚力和向心力方面有重要的意义。

    就历史的演进而言,秦汉时期,我国逐渐确立了以儒家思想为主流的文化共同体。发展至唐代,这一文化共同体建设取得了更瞩目的成就。唐代作为中国历史上最辉煌的王朝之一,在"安史之乱"爆发后,虽屡遭战乱,饱经动荡,藩镇割据、宦官擅权、朋党之争、农民起义等愈演愈烈,又得以维系一百五十余年之久,与其恢宏的文化共同体建设造就的伟大凝聚力密不可分。陈寅恪先生曾精辟地指出:"唐代自安史乱后,长安政权之得以继续维持,除文化势力外,仅恃东南八道财赋之供给。"除却经济联系的因素外,文化因素更是"安史之乱"后唐帝国得以继续维系和运行的关键因素。即使在唐灭亡以后混乱不堪的五代十国时期,文化势力也并非全然泯灭。各割据政权在立国后,仿效唐之典章制度创设礼仪规范,广大文士在动乱中更是不遗余力维系与传承文化命脉。本文着力从"文化共同体"这样一个全新的视角考察晚唐五代文学,其研究意义如下。

    (1)就目前唐代文学研究整体现状来看,批评者与研究者的目光更容易被初唐文学和盛唐文学的复杂情况所吸引,晚唐文学因为文学成就不甚杰出、作家的精神内蕴不甚深厚等原因,一直以来都是唐代文学研究中相对薄弱的环节,研究者历来对晚唐五代文学的评价并不高,甚至持否定态度。20世纪80年代以来,学界虽然开始关注对晚唐五代文学的研究,但研究的范围主要集中于文宗太和至懿宗咸通这几十年间杜牧、温庭筠、李商隐、许浑等重要作家的活动,并试图以杜牧、温庭筠、李商隐为核心来对整个晚唐五代文学进行概括,这显然是有所偏颇的。至于五代文学,关注者更是寥寥,在海量的文学史类著作中往往将其作为唐代文学的附属物,短短几页简单提及。专门将五代文学作为一段独立的文学史来撰写,较有影响的著作仅有20世纪上半叶郑振铎的《中国文学史》与杨荫深的《五代文学》。从时间的轴线上来看,如此长的一段时间中仅仅关注几位作家的研究显然是以偏概全,不能全面反映晚唐五代文学的风貌。在这个研究相对薄弱的领域,力所能及地做一些补充和开拓,使读者能再次认识晚唐五代作家作品,重新审视晚唐五代文学的历史价值,是意义之一。

(2)本研究拟对晚唐五代文学作一全面综合的考量,在具体研究中,并不拘囿于文学内部,进行从文学到文学的研究,而是将晚唐五代各种文学样式置于文化共同体的建设进程体系中,进行文学与文化共同体关系之深入研究。这显然是为晚唐五代文学的研究开辟了一个新的视域,打开了新的思考路径。在此视域之下,讨论晚唐五代的文学现象,无疑可以激活文学研究,使晚唐五代的文学研究得到极大深化。通过这一视角下的文学考量,我们全面了解晚唐五代文化共同体建设情况,重新审视晚唐五代社会,进而在更纵深的时间轴上考察整个唐帝国文化共同体的建设进程,进而对当下中国的文化建设提供一定的借鉴。如导师雷恩海先生所言:"目前,中国社会正面临着历史发展的一大机遇,如何传承传统,以开阔的视野和胸襟,积极汲取多元文化而开创未来,乃现实所提出的一大课题。社会的发展日新月异,但也不能完全脱离原有的传统。因此,研究晚唐五代时期的文化共同体建设,对国民精神、民族品格之塑造有着积极的促进作用。由于历史发展的种种原因,部分群众对优秀传统文化吸纳不足。因此,研究晚唐五代时期的文化共同体建设,将对当今部分社会问题的解决产生重要的借鉴意义。"[1]

(二)国内外研究现状

对一份开题报告而言,国内外研究现状是十分重要的内容,必须详尽展开。通过研究综述,我们要让评委老师知道自己的选题当前有哪些相关研究成果,有哪些领域应该被关注但却没有较成熟、系统的研究成果,需要我们继续投入精力去研究、考证,这样我们的研究才有可能站住脚。

梳理国内外研究现状时,可先根据研究资料情况将国内研究分为几个大类,并将几个大类下的主要成果逐一罗列出来并评析其优点与缺憾,注意一定要述评结合,不能只述不评。如果国外的相关研究成果较多,也要分门别类罗列出来,如果较少,简要陈述即可。以《清代八股文的文体形态研究》为例:八股文与科举考试密切相关,故第一大类便是科举考试的研究现状;因主要研究对象是清代会试八股文,故第二大类就是八股文研究现状;又因这些八股文主要取材于顾廷龙先生的《清代朱卷集成》,故在综述部分也概述了《清代朱卷集成》的研究现状。在这些大类下,科举考试研究一类下又分出"考试制度及史料研究、进士群体研究、学科交叉研究"等几个小类;八股文研究一类下又分出"八股文写作指导、八股文汇编、八股文发展嬗变研究、八股文价值源流研究、八股文与其他文体的交互影响、名家八股文专论、八股文的

---

[1] 杨丽花.晚唐五代文学与文化共同体建设[D].兰州:兰州大学,2022.

文体研究"等。在这些密集的梳理中得出"八股文研究往往明清合体,且关于明代八股文的研究成果数量较多,清代八股文的汇编多但研究成果相对较少;研究内容主要集中于选本汇本的集注、八股文嬗变史、八股文与其他文体的交互融通、名家八股评点等领域,而关于文体形态的研究较少,且缺乏深入系统考察;很少有人真正以大量的文本证实八股文研究的准确性、客观性和规律性"等推断,继而从现有研究的薄弱点出发展开自己的论述。

(三)研究思路及方法

本部分可以充分利用我们在前文提到的思维导图。清晰明确的图表和简要的文字阐述可以让专家和老师了解你的思维轨迹、研究方法和规划,也便于专家和老师及时判断你的思路是否清晰、准确,研究方法是否得当可靠。

(四)重点、难点及创新之处

研究重点是指研究时重点要解决哪些问题,具体要以什么方法解决这些问题;研究难点则是研究者预先判定的在研究过程中可能遇到的难以解决的问题。在撰写研究重点和难点时,应注意行文逻辑要严密,语言要简练准确,不能东拉西扯。

(五)前期相关成果、资料准备情况和主要参考文献

本部分主要展示开题者对该主题的前期积淀如何,以便专家和老师判断开题者的执行力和前期积累能否支撑自己顺利实现研究目标。

开题之前一般要填写开题报告。现将一般通用的开题报告空白表格列举如下,以便同学们更立体地感知开题报告。

开题报告表格

论文题目(中文)	
论文题目(英文)	
研究方向	

课题来源	国家	省部	校内	其他

研究类型	基础理论研究	应用研究	综合研究	其他

开 题 报 告 内 容

本选题在国内外研究现状	

本选题研究价值和意义	
论文主要内容（包括论文的章、节等）	

研究思路及方法	
重点、难点及创新点	
前期相关成果、资料准备情况和主要参考文献	

课后练习:

1. 请根据你感兴趣的题目撰写开题报告,并填写在开题报告表格中。
2. 开题报告中的"研究现状"指的是什么？如何撰写？

第五章　如何撰写、发表论文

　　学术论文是学者之间交流观点、发布最新研究成果、传播科学研究信息的一种基本文体,有其独特的文体特征。

　　文科论文和理工科论文的写作过程是有差异的。理工科论文主要通过模拟实验和其他技术手段解决、改进社会生活中的具体技术性问题,有比较明确的实验方向。文科论文往往是运用某些成熟的理论,针对社会生活中存在的某些具有普遍性的社会现象、社会问题,经过文献调研或田野研究,或将二者相结合,得出相应的结论。文科论文要么可以推进科学研究进程,要么可以解决某领域的重大理论问题,要么可以辅助改善和提高社会活动的经济效益和推广效能,故而其社会功能虽然比理工科论文隐蔽,但可能具有更重要的社会意义。

第一节　发现问题与提炼观点

　　许多名师讲文科论文写作,都会强调要有问题意识。那何谓问题意识呢？就是要发现社会现实或理论领域存在的疑问。只有有疑问，才能围绕疑问去寻找答案。

不少大学生都缺乏问题意识。于博在谈及研究生论文写作时就已明确指出："问题意识缺失是研究生学位论文写作中的常见现象，究其原因主要为以下两点。第一，兴趣缺失导致的实践洞察力不足及学习投入缺失导致的理论积累不足，使学生难以'捕捉'科学问题；第二，逻辑训练（而非方法训练）缺位导致学生欠缺'识别'伪问题的能力，规范性训练无法代替逻辑性训练帮助学生'去伪存真'。"[1]这一研究成果指出了研究生缺乏问题意识的两大中心原因，即缺乏兴趣和缺乏逻辑思维能力。

我们可以依靠大量的、重复性的科学训练提高逻辑思维能力。通过增加阅读量，扩大知识面，广泛接触相关领域的名家名作后，我们的研究兴趣也会被逐渐激发。

一、如何发现问题

发现问题的过程说难也难，说易其实很容易。我们既可以在阅读过程中就我们迷惑的内容提炼问题；也可以就一部作品进行古今、中外、同时代、同背景的纵向、横向各种比较，发现其中的异同，从而提炼出问题；还可以在日常生活中就社会问题、教育教学现状找出其中的弊端或者瓶颈，继而就此提炼问题。

比如，我们会发现不同的老师在讲授公共课"大学语文"时会有不同的授课风格。有的老师非常注重跟学生的互动，有的老师却喜欢以教师讲授为主

---

[1] 于博.研究生论文写作中的问题意识缺失与教学改革路径探析[J].学位与研究生教育,2022(06):16–18.

的授课模式,于是问题就产生了——这两种授课模式究竟哪种更符合现代大学生的需求呢?我们可以先查询、阅读与这一问题相关的文献,掌握业界对这一问题的主要观点,了解哪些观点比较成熟,哪些观点尚需完善,明确我们的关注点应该放在哪些问题上。然后可以根据这些问题设计一份调查问卷和访谈提纲,在经过充分调研之后,再根据掌握的资料确定自己的论文题目。

再如,近些年各地特别注重非物质文化遗产的保护传承工作,而非遗传承的主要问题是传承人断代以及由此导致的部分非遗濒危问题。很多地方政府和学校、学者共同呼吁,要从年轻一代开始培养新的传承人,于是"非遗进校园"成了很多地区推进非遗保护传承的必要措施。我们可以据此得出两个研究方向:第一个方向,非遗进校园在某地的推进情况如何?存在哪些问题?需要采取什么样的措施去推进非遗进校园?第二个方向,当前少年儿童学习压力普遍较大,非遗传承从小抓起是否符合青少年的精神需求,是否会加重他们的学习负担?从这个方向切入研究,说不定会有意想不到的结论。

二、如何提炼观点

发现问题之后,如何将问题提炼成观点,也就是论文的中心议题呢?总结起来,可以从如下几个方面提炼观点。

(一)从特殊到一般

将特殊情况下已被证明的正确思想或规律,提升为一般情况下的假说或观点,这是提炼观点的一种重要方法。例如,不少人爬山时喜欢通过征服险峰来磨炼自己的意志力,获得特殊的自我价值实现的快感。把这种特殊的体验延伸到文章写作过程中,我们就可以推导出"文似看山不喜平"的一般规律,从而总结出跌宕起伏对文学创作非常重要的结论。

(二)由一般到特殊

一般规律具有指导全部学术研究的作用。在条件充分的时候,我们可以根据一般规律推出特殊情况下的观点。

《红楼梦》中的赵姨娘是一个人人厌恶的角色,就连她的亲生女儿探春也始终瞧不起她,多次公开让她难堪。面对这样一个角色,我们可以按照封建社会的一般规律来探析。赵姨娘是不是一开始就是这样一个神憎鬼厌的人呢?可能性不大,如果是这样的话,她很难被贾政纳为妾室。按照古代社会的一般情形,能在贾府被纳为妾室的人,一般是因贤德被老夫人指婚,或者是因为美貌和贤淑被贾政看中(可参考平儿、鸳鸯、袭人等),刁蛮又人人厌恶的人是很难成为贾政的妾室的。也就是说,可怜又可恨的赵姨娘一开始可能也是有着香菱那样的姿容或者平儿那样的贤淑的,后来为什么她会变得人人厌恶呢?

在《红楼梦》中,贾府里外上下不知道有多少争夺和倾轧,有多少尔虞我诈,这些阴暗很可能把最初很善良的赵姨娘推向扭曲、阴狠又无力挣扎的境地。再则,无论姨娘,还是通房丫头,作为封建婚姻制度的牺牲品,都难以摆脱悲惨的命运。年华老去,恩宠尽失,只能默默隐忍来自各个层面的欺凌压榨,否则就会成为赵姨娘一般世人皆厌的"过街老鼠",招致更多的羞辱。这样一来,论文的观点就凸显出来了。

(三)由事物的对称性、相关性推导

这是一种归纳的思维过程,就是把一种现象和过程所表现出来的对称性和相关性联系在一起进行考察,从而推导出我们的观点。

比如,张轶楠的论文《重生与毁灭》比较了高加林和于连的命运轨迹。文章指出,中国当代作家路遥的《人生》中的主人公高加林和法国作家司汤达的《红与黑》中的主人公于连有着相似的人生奋斗历程,在小说的最后,他们前进的道路都因致命的一击被摧毁,但二者的结局却完全不同。高加林回到了奋斗的起始点得以重生,而于连却最终走向了毁灭与死亡。该文通过对二人结局的深入对比,分析了其命运结局迥异的根本原因[①]。

这就是典型的由事物的相关性推导出论文观点的例证。

(四)通过调研事实寻找规律

在进行田野研究时,我们要对通过调研获得的事实、文献、资料进行分类归纳和排序,找出问题或规律,根据问题或规律推导出假说。假说能够将已有的事实互相联系起来,通过科学的研究,揭示客观事物的本质和规律,这是理解事物、认识规律的一种形式。

比如,某科研小组在调研某市非物质文化遗产传承人现状时发现,非遗传承人后代往往并不愿意从事这一行业。经调查,发现原因有三:一是年轻人与长辈的审美趋向有差异,不太认同有些比较古老的非遗形式;二是年轻人大都有自己的理想职业,不想跟着父辈学习非遗手艺;三是有些非遗传承人收入水平较低。科研小组可以基于这些调查结果给出培育现代非遗传承人的措施。

(五)突破传统观念的束缚

由于科学研究都是在一定的社会中进行的,因此不可避免地会受到社会

---

① 张轶楠.重生与毁灭[J].小说评论,2008(5):90.

观念和环境的影响。在科研过程中,有时难免会受到传统观念的影响,但是我们要从科学发展的实际出发,敢于突破传统观念的束缚,把符合客观规律的理论奉献给人们。哥白尼不畏神学,从而有了"日心说",达尔文敢于挑战传统,才有了"进化论"的诞生。这就需要我们不断学习拓展思维的方法,以更广阔的视野审视更大范围内的各种现象,以挑战传统的勇气去建立一种新的观点。

生活中处处有学问,也处处都有需要解决的现实问题,这就需要我们勤于观察、勤于思考,开掘出具有深意或者符合社会发展需求的好问题,进行合理有序的研究,从而写出一篇比较成熟的、体系严密的论文。

第二节 如何撰写论文

发现问题之后,我们需要通过各种渠道搜寻相关主题。目的有二:一是了解前沿动态,确保研究建立在一定的学术基础上;二是防止判断失误,将别人已经做得很细致的主题选作研究对象,浪费时间和精力。

在此基础上,我们就可以开始动笔写作论文了。

一、标题

各级标题是一篇论文的"骨架",也是展示作者写作思路的载体,规范的标题还能起到画龙点睛的作用。正文中标题的撰写规则与论文题目的撰写规则大体一致,但也有自身的特点①。

(一)立论与驳论

一篇论文是根据现有文献、事实、现象析出观点还是对已有的研究进行驳斥,在论文的标题里一般都有反映。我们把前者叫作立论型标题,后者叫作驳论型标题。

在科研论文中,立论型标题比较常见。立论型标题一般直接给出自己的论点,以立论为目的。比如李晋霞《论证语篇中叙事性语段的语言特点》②一文考察了论证语篇中叙事性语段的语言特点,主要讨论了四个问题:①篇章地位具有附属性;②主要语篇的功能是提供证据;③前景的概要化和背景的受限性;④主体的模糊化和事件的低及物化。这是很明显的立论型标题。论文通过比较论证语篇中的一般叙事性语段与典型叙事性语段,指出论证语篇中的叙事性语段在篇章地位、语篇功能、前景背景、形式表现等方面表现出明显的不同,继而认为宏观语境对语段的语言表达具有明显制约作用。

另外如孙愈中的《电视述评的选题针对性和传播实效性新探》③、张杰的《大调曲子在非遗名录中的归类问题研究》④、牛乐的《非物质文化遗产的本

---

① 此部分参考了刘国涛、余晓龙等编写的《法学论文写作指南》(中国法制出版社 2019 年版)。

② 李晋霞.论证语篇中叙事性语段的语言特点[J].汉语学报,2023(01):16-26.

③ 孙愈中.电视述评的选题针对性和传播实效性新探[J].当代电视,2016(12):78-79.

④ 张杰.大调曲子在非遗名录中的归类问题研究[J].文化遗产,2024(04):18-27.

体论阐释》①等皆属于立论型标题。

驳论型标题也很常见。它往往会有"与某某商榷"的字样,这种"商榷"一般是对学术问题的友好探讨,即我不同意或者不完全同意某观点,所以与持此种观点的某人讨论一下,到底谁对谁错。这种论文往往先指出对方论点、论据或论证方法的弊端,然后亮出自己的看法,也就是要先破再立。

比如,陆诗忠的《我国刑法死刑适用标准的体系解释——兼与冯军教授商榷》一文,开篇就指出:"'死刑适用标准'的把握依赖于对罪行极其严重的'罪行'、罪行极其严重的'极其严重',以及'必须立即执行'与'不是必须立即执行'等问题的正确理解。而冯军教授针对上述问题的阐释有悖于刑法教义学所倡导的体系解释。"②进而,作者从法律体系出发,详细阐解了他对此问题的理解,最后得出自己的结论,这就是驳论型标题。

另如韦丁文的《"问题意识"考论——兼与萧延中教授商榷》③、蔡天琪等的《ChatGPT 有意识吗?——兼与王峰〈人工智能需要"灵魂"吗〉一文商榷》④、徐仲佳的《再论涓生忏悔的真诚——兼与沈庆利君商榷》⑤等皆属于驳论型标题。

---

① 牛乐.非物质文化遗产的本体论阐释[J].文化遗产,2024(04):1-8.

② 陆诗忠.我国刑法死刑适用标准的体系解释:兼与冯军教授商榷[J].中南大学学报(社会科学版),2020(04):69-78.

③ 韦丁文."问题意识"考论:兼与萧延中教授商榷[J].广州大学学报,2024(03):38-46,68.

④ 蔡天琪,蔡恒进.ChatGPT 有意识吗?:兼与王峰《人工智能需要"灵魂"吗》一文商榷[J].山东社会科学,2024(02):59-67.

⑤ 徐仲佳.再论涓生忏悔的真诚:兼与沈庆利君商榷[J].鲁迅研究月刊,2023(12):45-52.

(二)学术论文标题撰写的要求

论文大标题并非全都是简单句,但其下各类标题基本都要具备"简洁明快"的特点。根据梁慧星教授的观点①,学术论文中各级标题的撰写有五个方面的要求:

第一,标题应当是名词或名词性短语,不能是一个句子。这是由学术论文的标题只能表明本部分的研究对象这一要求所决定的,如果标题是一个句子就很容易表露出作者的观点。当然,这一原则也有例外,有时为了强调问题或其他需要,也可以在标题中使用问句等。

第二,标题只确定本部分的研究对象,不表达作者的观点。这是由论文的学术性所决定的。学术论文的一个重要特点是"以理服人",重在通过自圆其说的论证而使读者赞同作者的观点,如果在标题中表达作者的观点,往往会给读者以先入为主的印象,可能会增加说服读者的难度。这种观点一般只是一种倡导性的建议,不具有强制意义。

第三,标题应明确、简短而忌冗长。这就要求各级标题的设计应当突出重点,简明扼要。有关论文写作的著作中认为,正文标题一般以不超过25个汉字为宜,最好控制在15个汉字以内。此外还应注意,保证标题的意思明确是简短的前提。

第四,标题应当出现题目中的关键词。这样做的好处在于,能够保证各级标题均能切题,通过关键词反复出现来达到紧扣论文题目的目的。这种做法可以避免跑题、偏题等问题,还能有效防止出现"文不对题"的现象。

第五,同一层次的各级标题应相互协调。这一要求具体来说体现为以下

---

① 梁慧星. 法学学位论文写作方法[M]. 北京:法律出版社,2012.

几点:同一层次标题划分的逻辑标准要一致;同一层次的标题应尽可能实现"排比",即句式一致、长短一致、风格一致;上一层次的标题与下一层次的标题、同一层次的标题之间,应当意义相关,逻辑紧密。

此外,在标题层次划分上不宜过多过细。例如,本科学位论文一般最多划分到三级标题就可以了,如果标题层级划分得过多,就会破坏论文整体结构的紧密性,也不利于实现主题思想表达的完整性和行文的顺畅性。还需要注意的一点是,各层次的标题要醒目,其字体要与非标题的正文字体区别开来。

(三)标题中的层级和标点符号

正文中的标题符号应当如何运用呢?文科论文中的正文标题符号与理工科论文有所不同,文科论文大多采用"一、(一)、1.……"这种形式,而理工科论文大多采用"1、1.1、1.1.1……"这种形式。文科论文中标题符号的运用应注意以下几个方面:

第一,应当严格遵循标题序号层级由高到低的标准,禁止从低到高使用符号。文科论文正文中标题序号的级别及符号见表5-1:

表5-1 正文标题序号级别及符号

标题级别	符号	备注
第一级	一、/二、/三、	序号后用顿号
第二级	(一)/(二)/(三)	序号后不用标点
第三级	1./2./3.	序号后用实心圆点,不用顿号
第四级	(1)/(2)/(3)	序号后不用标点
第五级	①/②/③	序号后不用标点

第二，以上所列层次之间，第一层次之后，可以跨层次直接使用下一层次的符号。例如，在"一、"之下，可以越过"（一）"直接使用"1."这一层次的符号，但是不宜在"一、"之下直接使用"（1）"这一层次的符号，除非只是想要分项叙述，但各项并未设置标题。

第三，在标题语句的末尾一般不使用任何标点符号，但是在特殊情况下，可以在标题语句后面使用问号。

需要注意的是，可以跨层次使用标题，但应当避免同一篇论文中相同级别的标题用不同的序号。

二、提纲、摘要和关键词

千万不要忽视摘要的撰写，这个过程实际上是一个再一次理顺思路、形成严密框架的过程。有的学生写的论文思路混乱、文不对题，或者前后颠倒、逻辑不清，这往往就是因为忽视了文章的整体性，或者在摘要部分没有充分阐释自己的主题。开局不稳，自然步履蹒跚。

摘要，顾名思义，就是对论文要点的摘录。作为论文，必然有一个中心论点，摘要部分就是围绕这个中心叙述文章主要写了什么内容，得出了什么样的结论。既然是"要点"，围绕中心、简明扼要、精练传神是最重要的。

关键词既是对摘要部分内容的提炼，也是正文主要内容的先导。一个有经验的读者拿到一篇论文，先看题目，次看摘要，再看关键词，基本就对这篇论文的定位及内容有了总体的把握。而提炼不够的关键词就可能存在对内容总结不完整、词序混乱、用词不准确等弊病，不能发挥关键词的关键作用。

如何撰写摘要和提炼关键词在前文已有详细论述，此处不再赘述。

三、正文

正文部分一般包含引言(或绪论)、本论和结论(或结语)三部分。

(一)引言

正文开头,一般可以撰写一个引言。引言一般阐述如下一些内容:①交代研究的背景,即国内外针对本课题的研究概况、最新进展和动向,即研究综述;②说明选题的缘由;③指明所研究课题的研究目的、意义和价值;④概括正文部分的中心内容,如研究内容、范围、性质和主要过程;⑤提出所论述问题的结论。

这里重点介绍文献综述的撰写。

首先要明确为什么要写文献综述。

根据王雨磊的《学术论文写作与发表指引》[①]所述,人类知识的生产是一个从无到有、从少到多的渐进过程,是由无数学术人的不懈努力积累而成。你一砖、我一瓦,知识大厦才日益高耸。人类的知识就像一个圆圈,越扩越大,我们不妨将之称为"知识圆"。当人类了解的知识越多,也就意味着不了解的知识越多。因为随着"知识圆"半径的扩大,它的周长也在成比例扩大。以前,在地球人还不知道地球是个球的时候,人类觉得天圆地方,大地是宇宙的中心,后来知识进步了,才知道大地原来是个球形。起先,人类以为,肯定是太阳绕着地球转,再到后来,又惊讶地发现原来是地球绕着太阳转,于是人类又认为太阳是宇宙的中心,结果,现在发现连银河系都不是宇宙的中心,茫

---

① 王雨磊.学术论文写作与发表指引[M].北京:中国人民大学出版社,2022.

茫星空,地球不过是沧海一粟。不论是自然科学,还是社会科学,都要遵循"知识圆"的演进规律,在学术共同体的努力之下,尽可能地把"知识圆"的半径扩大,在已知的基础上征服未知。但是,在征服未知、开疆辟土之前,先得知彼知己。文献综述,就是"知彼知己"的过程,它是进攻前的防守,非常基础,也非常重要。每一个科学的认知对象都有一个专属的"知识圆",文献综述实际上就是在认识未知之前,廓清"知识圆"的边界,整合、梳理"知识圆"内已知的知识,为进一步扩大人类的认知半径奠定基础。具体来说,文献综述要把前人就某个认知对象已经做过的研究进行梳理、回顾,然后分析其程度、层次及问题,以便决定是否需要进一步研究。"如果前人之述备矣",那就别再做无用功了;反之,如果通过梳理文献,发现了前人研究的局限与不足,那么,就可以据此确立新的学术生长点,进一步展开自己的研究。这就是学术对话点,就是潜在的学术生长点。

从学科建设的角度看,系统进行文献综述可以避免重复的学术劳动,这也是对前人学术贡献的尊重。否则,每个人都自立山头、从头开始,就会陷入"学术内卷化"——尽管学术作品层出不穷,但是学术质量、学术观点却并没有同步提升。这对于整个学术界来说,也是一种效益损耗。

放眼学界,但凡那些发展较好的分支学科,文献综述一般都做得比较系统、扎实。从一篇文章的具体发表过程来看,文献综述也非常重要。很多作者可能不了解,学术期刊编辑初选论文,有一个重要标准,就是看来稿的文献综述。作者的学术底蕴,往往在评述文献的过程中一览无余。一个科研工作者,必须具备进行文献检索与评述的基本能力。

文献综述的层次和格调往往显示了作者的学品、学力与学养。通过作者所回顾的文献,我们可以看到作者的学术历程、学术交往和学术境界。所以,文献综述不仅仅是个技术活,更是学术生活中一个必不可少的有机组成部分。学术研究者应该系统训练自己阅读文献与回忆文献的能力。

那么,文献综述应该怎么写呢?

不少学生是为了完成文献综述而写文献综述,甚至单把有相关关键词的文献堆积上去就算了。这种文献堆积的做法,是写作的大忌。就像建房子只放砖头、不放水泥,即使砖头垒得再高,也不是房子,缺乏水泥的有机黏合,最后一推就倒。

还有人会把文献综述写成"一座孤岛",文献综述和整篇文章没有太强的关联,饺子的皮与馅没有捏合。造成这种写作误区的根本原因是,作者没有意识到文献综述在整篇文章中的功用。

事实上,文献综述不仅仅是把别人的文献放上去,而是通过综述前人的文献,给自己的研究设定一个起点。文献综述连接了学术界与自己的研究,就像一个路由器,让你的文章能"在线"。

从具体的写作过程来看,文献综述是学术议题的源泉。通过综述文献,可以梳理出所探讨的学术话题的来龙去脉,这样一来,不仅向读者介绍了文章的研究基础、论证起点,而且也建构了行文写作的合法性:为什么你的研究值得做?文献综述往往表明,你所关注的研究在文献上是不足的,需要进一步研究。这样一来,作者也就通过文献综述,和读者达成一个共识:既有研究需要进一步推进了。

具体来说,文献综述的写作包括如下五个步骤。

第一,筛选并甄别文献。要用心甄选出那些值得被综述的文献,而不是单纯地求多求全。在具体的论文写作时,可以根据具体的研究选题、学科范畴、表达主题等因素来甄选文献。文献综述是按需索取,在选择之时,就必须明白所选文献在你的文献综述乃至整篇文章中能够起到什么作用。

一定要留心那些与研究的问题密切相关的文献,尤其是在自己的研究领域做得比较出色的、有突出贡献的文献，一定要引用。如果遗漏了相关文献，文章的水准就会大为降低。

关于如何选择文献，这里有一些诀窍。许多新手都会使用关键词搜索，这是一种简单的搜索技法。实际上，你还可以向前辈求助、找成体系的课程文献、去优秀文章的参考文献中按图索骥等。

第二，编织文献地图。很多文章喜欢堆砌文献，常常通过"×认为""××说"等将文献罗列出来。这种做法不仅很难达到文献综述的目标，而且也会给读者造成阅读负担。因为这样做，只是把各种文献简单地提出来，堆在那里，仍然是一堆未经整理的零散的文献观点，这实际上只是文献提示，而非文献综述。

如果仔细阅读文献，就会发现，不同的文献之间是有各种关系的。第一种关系是同意关系。也就是这些文献可以"合并同类项"，它们的研究结论一致，或者殊途同归。第二种关系是继承关系，一篇文献是在另两篇文献的基础之上形成的。第三种关系是反对关系，相互之间互为敌对。第四种关系是并列关系，两篇文献各自针对自己提出的问题作出回答，它们合起来就可以构成更大一类问题的答案。在综述文献时，要仔细梳理这些文献的关系，然后用一个有逻辑的线索把它们串起来，这样，经过穿针引线之后，整个文献综述就像是一个整体，就是一面墙，而不是一堆砖。

第三，以研究问题为基点梳理文献。每个研究议题都有一个属于它的"知识圆"，梳理文献时首先需要定位自己的研究原点。这个研究原点就是文献综述的坐标原点。撰写文献综述时要不断权衡文献与"知识圆"圆心的距离，尽量选择那些更接近圆心的核心文献。然后，以研究的问题穿针引线，将文献以条理化的方式组织起来，展现作者的逻辑推演过程。

在此过程中，不要追求原封不动地还原文献，而要对文献进行必要的二次加工。请记住：写文献综述不是拍照片，而是要根据你研究的问题选定写作基点。文献综述相当于研究者站在坡的高处告诉坡下那些还没有展开相关研究的读者，你在坡上看到了什么风景。这时，作者必须告诉读者，自己的研究"视线"何在。如果只有视、没有线，坡下的读者就会听得稀里糊涂、不得要领。

具体来说，写文献综述之时，必须在心中明了：本文的研究主题是什么？所涉猎的文献都有哪些？这些文献在传递哪些信息？如何运用这些文献？

第四，准确地评述文献。文献综述务必要对文献进行精准和恰当的概括。要对文献进行准确描述、客观评价，指出其学术贡献与研究不足，并以此作为自己研究的起点。值得一提的是，评述他人研究时要客观公正，不要通过刻意贬低前人的研究来拔高自己的研究。

为了能精准和恰当地概括，作者有必要熟悉这些文献，最好反复阅读核心文献。未读原文则最好不要草率评价，否则，很容易对文献进行不恰当的评价，容易犯低级错误，以讹传讹。

第五，建立文献与文章的关联。写文献综述的起点是研究某个问题，终点则是本文要研究的问题，也就是说，要通过文献综述来提出问题。而撰写文献综述的过程本身就是对要研究的问题深入思考的过程。前人之不足，正是后人推进学术发展的边际贡献点。后人或接力，或反驳，这也正是学术对话的自然推进方式。

建立文献与本文的关联，这实际上是让文献综述发挥作用的根本途径。好的文章都非常善于从文献综述平滑地过渡到自己的研究，让读者明确面对前人的研究，本项研究应该往哪里走。好的学术研究都是站在前人的肩膀上的，而这部分的作用就是点出"肩膀"的位置所在。写好文献综述，往往就可以夯实文章的理论基础，进而奠定文章的"正当性"。

撰写文献综述需要注意以下几个原则：

第一，平时就要有所准备。撰写文献综述最重要的前提是，你的确读了很多专业文献，并且认真消化、吃透了它们，然后在了然于胸的情况下，再对它们进行评述。因此，平时就要养成研读文献的习惯，并且及时分类整理相关文献。很多人做不好文献综述，其源头就是事前没有开展必要的文献研读。有些人停留在文献笔记的阶段，有些人停留在文献搜索阶段，还有些人停留在"关键词阅读"阶段。

第二，文献综述要有独特性。文献综述是自己的文章，而不是其他人文章的复制品，也不是其他人文章的"再生"，因此要写出属于自己的生命力。虽然是综述别人的文章，但是却是自己在综述。既然是自己在写，就要写出自己的味道和体会。文献综述中的文献也不是天生就贴合的，所有的文献串读，都需要由作者来完成。

在写作过程中应牢记：让文献能够在综述中各司其职，在行云流水之间将既有的文献与自己的研究相结合。

第三，按需即可。很多人在编织文献地图的时候，都有一个困惑：多少文献才算足够？这其实是一个"伪问题"：一方面，没有人规定应该多少才够；另一方面，文献的多少是由自己的研究决定的。

就如同地图一样，你既可以放大比例尺，也可以缩小比例尺，而不管是放大还是缩小，都是为了更好地呈现具体的地理信息。当然，不能遗漏关键文献和重要文献。

第四，文献综述应该具有可读性。对于文献的转述和评价，不能是支离破碎的，也不能佶屈聱牙，文献综述本身就应该具有可读性，让那些没有读过相关文献的读者也能够知晓文献信息与研究脉络。写文献综述时最好不要引用太差的文献，那些来源不严谨的文献更加不能引用。

第五，考虑引用的性价比。不是每篇文献都要写入综述。只综述"值得综述"的文献、有含金量的文献，把有含金量的文献的"金"提炼出来。很多作者喜欢把所有搜寻到的相关文献都放上去，这种方式不值得推荐。首先，从传播性价比上说，放的文献越多，阅读负担就越重，读者就越有可能不能充分理解研究内容。少而精的性价比肯定更高。其次，很多研究做得不够好，从学术激励的角度看，就应该少引用，而要引用那些做得扎实的研究成果。

第六，文献综述务必规范。文献综述可以用第一人称，也可以是第三人称，但是用词尽量要客观和公允。同时注释一定要规范。此外，不要在综述中犯低级错误：准备引用的文章一定要亲自看，不要就一个来源引用过多，不要引用不相干文献，不要以偏概全，不要过度引用，等等。①

（二）本论

1. 论点

所谓论点就是论文的主要观点，就是我们运用一系列证据想要证明的那个中心意思。论点不仅对文章起着统帅的作用，还决定着文章的价值。在论文写作过程中，论点是选择和组织材料的依据，也是论证的出发点和落脚点。论点通常有事实性论点、价值性论点、政策性论点等。

第一，事实性论点。事实性论点就是基于客观事实或数据的论点。例如，"地球是圆的"就是一个基于客观事实的事实性论点。这类论点可以通过实证的科学证据或可验证的数据来支持。

第二，价值性论点。价值性论点涉及个人价值观、信仰或道德判断。例

---

① 王雨磊. 学术论文写作与发表指引[M]. 北京：中国人民大学出版社，2022.

如,"每个人都有追求幸福的权利"就是一个价值性论点。这类论点依赖于个人或群体的价值观和信仰系统,主观性较强。它们在哲学、伦理学和某些政治讨论中尤为常见。

第三,政策性论点。政策性论点是关注政策制定和实施的论点。例如,"政府应该提供更多的教育资源"就是一个政策性论点。这类论点涉及公共政策和决策的问题,通常在政治和公共政策讨论中出现。它们关注的是如何通过政策和规定来解决问题或改进状况。这些论点通常需要论证政策的必要性和可行性。

每个论点都需要相应的证据和逻辑支持以增强其说服力。论点在不同的讨论和写作场合中扮演着至关重要的角色。

一般来说,论点应该具备如下几个特点。

第一,论点必须清晰明确。我们撰写一篇论文,通常要根据大量的文献,通过一定的研究方法,得出一个结论。在这个过程中,万川归海,这个"海"的外形必须是具象的,其界限必须是明确清楚的,不能含含糊糊,让人读完你的文章后感到不知所云,自己在写作过程中也不能很好地搜集、组织材料。

想要做到论点鲜明,就必须在写作前就有一个明确的立意,这就是意在笔先的道理。有些文章,通篇华丽,但读后让人不知用意何在,这肯定是在提炼中心或点示观点上出了问题。

第二,论点必须新颖深刻。论文作为传播最新研究成果的载体之一,必须要具有创造性,要让读者眼前一亮,不能翻炒冷饭,更不能胡拼乱凑。与此同时,论文的论点还应该具备一定的深刻性,使读者能够通过阅读得到深层次的美感享受和理念浸润。

以下两篇论文的论点就比较深刻,靳转玉《失语的女性——从〈废都〉〈暂坐〉看贾平凹的女性观》中说:"纵览这些女性生存状态的变化,她们始终未走出男权文化的藩篱,由此也显现了作家传统的女性观。"①再如,杨理论《唐宋诗之争的最后交锋:卷菱湖〈宋百家绝句〉的编选》一文的结论为:"六如、北山等倡导宋诗之初,面对的阻力极大。及至《宋百家绝句》刊行的文化十年(1813),阻力仍在,但已经大大减小了。《宋百家绝句》卷首之序,是宗唐与宗宋诗论争的最后阵地,两派以作序为契机,展开了最后论争。这一论争,已随着宋诗的广泛接受,以宋诗派的胜出而画上了一个句号。再深入分析,唐宋诗之争的本质均没有否定唐诗,而是因明学唐还是因宋学唐的学诗路数问题,所以,两派看似有所论争,甚至最初的论争还很激烈,但最终都和解在学唐诗这一终极目标之下。终极目标一致,看似不可调和的唐宋诗之争渐趋缓和,因宋学唐最终取代了因明学唐,江沪诗坛的宋诗学达于兴盛。"②

第三,论点必须具有针对性。论文的论点要针对一定的社会现象、学术思潮、科学技术,要符合"服务于人"的科学宗旨,不能人云亦云,更不能泛泛而谈,使文章失去应有的社会功能。

如黄碧赫《"偶然性"的另一种可能:徐悲鸿〈惑〉再解读——兼与杭春晓商榷》一文就是针对"1929 年第一次全国美术展览会期间发生的'二徐之争'"发论,指出"论争一方的徐悲鸿在《惑》中批评塞尚、马蒂斯,与他留法前后对现代主义艺术的否定态度一脉相承。彼时在欧洲借鉴日本经验、推行国际交换展览计划的刘海粟可能是徐悲鸿激进言论的导火索,徐悲鸿的激烈情绪也与其'劝建博物馆之运动'受挫的个人际遇有关。徐悲鸿 1926 年在中华

---

① 靳转玉.失语的女性:从《废都》《暂坐》看贾平凹的女性观[J].今古文创,2024(20):13-15.
② 杨理论.唐宋诗之争的最后交锋:卷菱湖《宋百家绝句》的编选[J].中国诗学研究,2024(01):92-104.

艺术大学演讲中对塞尚、马蒂斯的称赞则有悖其一贯的否定态度,可能是其归国之初试图在充满人事、话语竞争的上海西画界谋求一席之地的权宜之计。一年之后,在中华艺大主办的美术联合展览会上,徐悲鸿的写实主义素描所遭受的批评说明这种搁置异议的状况难以维持。归国后徐悲鸿对留日派的批评以及刻意标榜的革新姿态,则是对国内质疑声音的一种回应"①。该文立论明确,辩驳有理有据,颇为深刻。

第四,论点必须具有逻辑性。论文的论点要具有逻辑性,在逻辑学上,论点就是真实性需要加以证实的判断。它是作者对所论述的问题提出的见解、主张和表示的态度,它是整个论证过程的中心,明确地表示着作者赞成什么,反对什么。

论点必须有明确的因果关系,不能顾左右而言他,不能强行定论,也不能下笔千言,离题万里。这是论文写作的大忌,也是许多学术新手常犯的错误,因此必须仔细斟酌后再定论点。

2. 论据

论据是为论点服务的,论点因为有了论据的支持,才持之有故,言之成理,具有让人信服的力量。因此,论据在论文中的作用,也是至关重要的。要证明某个观点的正确性,至少要用两个以上的论据来证明,即所谓"孤证不立",这是我们在使用论据时必须要注意的。论据一般包括事实论据和道理论据。

第一,事实论据。事实论据包括有代表性的事例、确凿的数据、可靠的史实、文学作品中的人和事等。所用的事例可以是概括的,也可以是具体的。运用事实论据时应注意以下几点:一是事实要确凿可靠;二是事实要典型、有

---

① 黄碧赫."偶然性"的另一种可能:徐悲鸿《惑》再解读:兼与杭春晓商榷[J].文艺研究,2023(10):136-160.

代表性;三是事实与论点要统一;四是要对事实进行适当分析。

第二,道理论据。道理论据一般包括人们公认的正确可行的道理、格言、名人名言、原理、定理、作者阐述的理论等。分析道理论据时,要准确,与原文一致,不要断章取义,同时也要有适当的分析。适当的分析就是论点和论据之间的纽带、黏合剂。

在论文中,事实论据和道理论据并不互相排斥,只要能够说明论点,一切论据都是有效的。

3. 论证方法

有了论点和论据,我们还需要采取一定的论证方法去证明这个观点的正确性。恰当的论证方法能够增强论文的说服力,使我们的论文更具有科学性、客观性和学术价值。现有的论证方法主要有以下几点。

第一,举例论证。举例论证就是通过列举确凿、典型、充分或新颖的事例证明论点。这是一种最基本、最常见的论证方法,它的优点在于说服力较强,易于被读者接受。

第二,引用论证。引用论证就是引用名家名言等作为论据,引经据典地分析问题、说明道理的论证方法。这种方法可以充实论述的内容,增强论述的底蕴,充分证明观点,增强说服力,同时也可以展示作者的修养和积累,使论证具有权威性和说服性。

第三,对比论证。对比论证就是用正反两方面的论点或论据作对比,在对比中证明论点。对比重在揭示事物间的差异性,其作用是增强论证的鲜明性,以给人留下深刻的印象。

第四,类比论证。类比论证是将性质、特点在某些方面相同或相近的不同事物加以比较,根据某些特征上的相似推导出它们在其他特征上也可能相似,从而引出结论的方法。类比侧重于展现事物间的共性。

4. 结论

结论是学术论文的最终落脚点,是作者通过一系列的论证所推导出的中心观点。推出结论的前提是论据必须充分,同时论证方法必须有效,否则得出的结论就可能是牵强附会或者不知所云;同时,结论要符合科学规律,不能信口开河,随意下结论。

故此,一篇论文必须论点清晰,论据充分,论证过程合理,逻辑层次清晰严密,方可立足。

第三节　如何修改和发表论文

论文初稿完成以后,必须经过精心修改才能最终定稿。从事科学研究的人员都希望自己费心写就的论文能在合适的平台发布出来供相关研究者讨论、参考,以实现论文的价值。论文格式是否合乎规范,能否与想发表的期刊的要求相符,都是学术论文写作、修改过程中必须格外注意的问题。接下来我们要讲述如何修改论文,发表过程中需要注意哪些学术规范,如何查找期刊邮箱,如何跟编辑交流等细节。

一、如何修改论文

(一)修改什么

作者在写作的过程中,心中想的主要是如何尽快把论文写完,一旦完成初稿,就会面临如何把论文改好的问题。作者在修改论文的过程中,应该树立一个中心思想:论文的核心目标在于阐述清楚论点,因此,所有对论文的修改都应该围绕这个核心目标。与阐述论点有关的、有助于阐述论点的部分,尽量保留,并进一步深化、提升,而与阐述论点无关的部分则应该删除。有时候编辑希望作者删除部分篇幅,但作者往往抱有抵触情绪。实际上,删减篇幅也是一个挤水分的过程,很多刚开始看起来非写不可的东西到最后并不一定非得保留。有些内容虽然在收集材料、撰写过程中花费了很大的力气,但是又与中心论点无关,或者写得过分冗余,那么,作者必须认真修改。从论文的质量上考虑,假如能用一千字讲清楚的内容,作者最后却用了一万字,可能就会大大降低论文的质量。水分太多而营养不足的论文,肯定很难被认可。

一般来说,至少要有四遍修改:第一遍,看论文的论述是否完整,也就是说,是不是把需要讲述的论点、需要引用的材料、需要使用的图表等都体现在论文中了。第二遍,看论文的表述是否清楚,也就是说,在完整表述的基础上,查看这些表述是否清楚、明了,是否符合事实,有没有做到实事求是。第三遍,看论文的表达是否到位,也就是说,在表述清楚的情况下,再看论文的段落、句子是否把原本希望表达的意思都表达到位了,有没有说得过分或不足的地方,是否足够精准、恰当。第四遍,看论文的格式、注释是否规范,是否符合相关期刊的要求。

当然,并不是一定要机械地严格按照上面的四个修改步骤来进行,但是至少也要达到相应的修改目标。只有修改到位,论文才能实现观点鲜明、逻辑清楚,也更有利于顺利发表。

值得一提的是,论文最好进行整体性修改,也就是说,要进行"一遍一遍"的修改,而不要零零碎碎进行局部性修改。否则,论文就会像是打了补丁的衣服,扎眼、突兀不说,也未必能够符合修改初衷,甚至出现上下文相冲突的情况。

(二) 修改方法

1. 整体修改法

这种修改方法就是先看论文整体框架是否正确,包含论文题目是否适当且是否能够精准表达内容,摘要是否完整且是否写得简练、逻辑清晰,章节分布是否合理且章节之间的逻辑关系是否严密,有没有多余的内容,有没有逻辑顺序不适当的地方,以及论据、论证方法是否足够推导出结论。

通过这种整体审视的方法,我们可以再一次捋顺整个文章的思路、脉络和层次,做到心中有数。

2. 细节修改法

有的作者在写作初期已经对论文框架搭建下足了功夫,完成后的主要问题在于行文过程中的逻辑关系是否合乎常理、文字表述是否准确通畅、详略处理是否得当。这时就需要我们一句一句、一段一段进行排查,检查逻辑关系,核对字词搭配。

细节修改需要足够的耐心,相当于做菜师傅对各种材料进行精雕细琢。经过这一轮修改,论文一般可以达到自己能力范围内的"完美境界"。

3. 搁置修改法

有时候,我们已经对论文进行了一轮又一轮的修整,但论文仍然不能达标,甚至我们自己也觉得哪里有问题,但总是改不到位。这种情形下,即使我们再强打精神左冲右突也不会有好的效果。

此时,我们不如暂且放下手头的论文,用 10～30 天的时间去做些别的事情。也许在这个搁置的过程中,我们读到了某些资料受到启发;或者,我们虽然在忙别的事情,但潜意识一直在对论文进行调整和修补,在某一个时刻突然恍然大悟,文思衔接如神龙腾舞。此刻再拿起搁置的论文进行下一轮修改,也许我们会惊奇地发现,那些一直困扰自己的逻辑问题、内容瓶颈居然在不知不觉中有了解决的方法。

4. 委托他人修改法

当局者迷,旁观者清。有些时候,我们难以认识到自身的错误。修改论文也一样,我们看自己的论文,也很容易陷入"自我肯定"的迷局,总是觉得没有什么需要修改的。

面对这种情况,我们可以诚恳地求助有经验的师长、同门帮自己审阅论文,这样或许能够最快、最大限度地找到自己论文的弊端,快速消灭硬伤、瑕疵,提高论文的质量。

5. 朗读修改法

对论文细部的修改还有一个很有效的方法,那就是把论文打印两份,跟一个学友一起找一个安静的地方,大声地朗读论文。在朗读过程中,我们一般会发现一些听上去别扭、读起来拗口的地方,这就是我们需要修改的地方。此时将这些别扭的地方圈出来,然后跟朋友一起探讨修改的办法,实在不知如何修改,可以求助自己的导师或其他老师,请他们帮你出主意、想办法。

二、论文学术规范

论文写作和修改都要遵循一定的学术规范。所谓学术规范,是指学术共同体内形成的进行学术活动的基本规范,或者根据学术发展规律制定的有关学术活动的基本准则。学术规范涉及学术研究的全过程,学术活动的各方面:包括学术研究规范、学术评审规范、学术批评规范、学术管理规范。也有学者对学术规范进行了横向概括,认为它包括两方面的含义:一是学术研究中的具体规则,如文献的合理使用规则、引证标注规则、立论阐述的逻辑规则等;二是高层次的规范,如学术制度规范、学风规范等。

论文写作和修改过程中需要遵循哪些规范呢?总结起来,主要包含文献的合理使用规则、引证标注规则等方面。

(一)文献的合理使用

一般来说,使用文献要遵循如下几个原则。

原则一:所有的专门性研究,都应该依据已有文献对相同或相关的研究成果、研究状况作出概略性的说明介绍。

原则二:对已有文献任何形式的引用,都必须注明出处。

原则三:慎用间接引用的方式。间接引用,即一般所说的"转引":引用第三者作品中所引用的内容。间接引用时必须明确注明"转引自"。

原则四:引用以必要、适当为限。

原则五:引用不得改变或歪曲被引内容的原貌、原意。

原则六:引用原则上使用原始文献。

原则七:引用原则上使用最新版本。

原则八:引用标注应完整、准确地显示被引作品的相关信息。所谓相关信息,包括作者、题名、出版地、出版时间、卷期、页码等。

原则九:引用网络资源必须注意其"动态性"。网络资源的引用出处一般由网址和时间信息构成。时间信息是指网络资源的发布时间、更新时间和获取时间。

(二)引证标注规则

细节决定成败,要想在学术上取得进步,就需要严谨的治学态度,而熟练掌握参考文献的著录规则就是于细节之处彰显严谨、规范的科研态度。

我们要格外注意各类文献的正确标注方式。正文中引用的文献可以采用顺序编码制,也可以采用著者-出版年制。下文列举了各类文献的一般著录格式,该部分内容参照了《信息与文献 参考文献著录规则》(GB/T 7714—2015)。该规则为目前绝大多数高校、期刊、出版社最常使用的文献著录规则,顺序编码制和著者-出版年制的具体标注方式亦可参照该规则。

1. 专著

专著的著录格式为:主要责任者.题名:其他题名信息[文献类型标识/文献载体标识].其他责任者.版本项.出版地:出版者,出版年:引文页码[引用日期].获取和访问路径.数字对象唯一标识符.

示例:

[1]陈登原.国史旧闻:第1卷[M].北京:中华书局,2000:29.

[2]PEEBLES P Z, Jr. Probability, random variable, and random signal principles[M].4th ed. New York: McGraw Hill, 2001.

2. 专著中的析出文献

专著中的析出文献的著录格式为:析出文献主要责任者.析出文献题名[文献类型标识/文献载体标识].析出文献其他责任者//专著主要责任者.专著题名:其他题名信息.版本项.出版地:出版者,出版年:析出文献的页码[引用日期].获取和访问路径.数字对象唯一标识符.

示例：

[1]周易外传.卷5[M]//王夫之.船山全书:第6册.长沙:岳麓书社,2011:1109.

[2]WEINSTEIN L, SWERTZ M N. Pathogenic properties of invading microorganism[M]//SODEMAN W A, Jr, SODEMAN W A. Pathologic physiology: mechanisms of disease. Philadelphia: Saunders, 1974:745-772.

3.连续出版物

连续出版物的著录格式为:主要责任者.题名:其他题名信息[文献类型标识/文献载体标识].年,卷(期)-年,卷(期).出版地:出版者,出版年[引用日期].获取和访问路径.数字对象唯一标识符.

示例：

[1]中华医学会湖北分会.临床内科杂志[J].1984,1(1)-.武汉:中华医学会湖北分会,1984-.

[2]American Association for the Advancement of Science. Science[J]. 1883,1(1)-. Washington, D.C: American Association for the Advancement of Science,1883-.

4.连续出版物中的析出文献

连续出版物中的析出文献的著录格式为:析出文献主要责任者.析出文献题名[文献类型标识/文献载体标识].连续出版物题名:其他题名信息,年,卷(期):页码[引用日期].获取和访问路径.数字对象唯一标识符.

示例：

[1]袁训来,陈哲,肖书海,等.蓝田生物群:一个认识多细胞生物起源和

早期演化的新窗口[J].科学通报,2012,55(34):3219.

[2] KANAMORI H. Shaking without quaking [J]. Science,1998. 279(5359):2063.

5.专利文献

专利文献著录格式为:专利申请者或所有者.专利题名:专利号[文献类型标识/文献载体标识].公告日期或公开日期[引用日期].获取和访问路径.数字对象唯一标识符.

示例:

[1]邓一刚.全智能节电器:200610171314.3[P].2006-12-13.

[2]TACHIBANA R, SHIMIZU S, KOBAYSHI S, et al. Electronic watermarking method and system:US6915001[P/OL].2005-07-05[2013-11-11].http://www.google.co.in/patents/US61915001.

6.电子资源

电子资源著录格式为:主要责任者.题名:其他题名信息[文献类型标识/文献载体标识].出版地:出版者,出版年:引文页码(更新或修改日期)[引用日期].获取和访问路径.数字对象唯一标识符.

示例:

[1]中国互联网络信息中心.第29次中国互联网络发展现状统计报[R/OL].(2012-01-16)[2013-03-26].http://www.cnnic.net.cn/hlwfzyj/hlwxzbg/201201/P020120709345264469680.pdf.

[2] HOPKINSON A. UNIMARC and metadata:Dublin core [EB/OL].(2009-04-22)[2013-03-27].http://archive.ifla.org/IV/ifla64/138-161e.htm.

三、其他注意事项

学术论文写作必须遵循既定规范,除此之外,还需要格外注意以下几点,以防出现学术不端行为,给自己的学术生涯造成不可挽回的负面影响。

(一)严禁抄袭剽窃

写论文要吃透主题,找准资料,且要抓住中心运笔构思,这是一个非常辛苦的过程。有人不堪其苦,就会"独辟蹊径",一把"剪刀"走天下,认为文科论文就是"天下文章一大抄",为什么要自寻苦吃呢?于是,他们"移花接木",三小时就能炮制一篇"鸿文",甚至有个别人连移和接的过程都敢省略,直接抄袭原文。抄袭是一种严重的不遵守科研道德的行为,会严重损害我们的科研诚信,一旦被发现,将会受到非常严厉的处罚,甚至自毁科研之路。

现在有一种新的剽窃方法是,将别人的语言改头换面以自己的话表达出来,貌似创新,过去的查重系统是查不出来的,现今强大的查重系统已经让这种"高明"的抄法无所遁形,所以不要心存侥幸,还是踏踏实实做学问比较靠谱。

(二)引文必须找到原文献

不让抄袭,并不意味着不让大家"引用",这个界限是非常清晰的。

要证明一个观点,光靠个人的主观判断往往难以自圆其说,必须有权威的主张、科学的公理和其他资料来证明我们的观点是正确的。这就需要引用他人的研究成果。引用他人的研究成果作为依据,必须要标注引文来源。

当今学者汪小洋、孔庆茂亦曾考证这一问题:"策往往放在二三场考,先考诗赋,帖经等项,以检查士子的学问才华,最后看处理时务的能力。唐宋以前策都占重要的位置,策是取人的最重要的标准。只是明清以后,八股文成为头场考试,同时也是头等标准,策才退居次要位置。"①清康熙初及光绪季年尝以策问取士,后皆废止。从《清代朱卷集成》所存少量光绪年间进士策问文本可知,策问往往是皇帝以政事问策于臣子,臣属就上问作答以彰显政治见识的文章。

上段文字中,"策往往放在二三场考,先考诗赋,帖经等项,以检查士子的学问才华,最后看处理时务的能力。……策才退居次要位置"一段引自汪小洋、孔庆茂二人的《科举文体研究》,我们就必须以脚注或尾注的形式标注引文。

此外,还要注意引用时尽量引用原文,除非万不得已,轻易不要转引。为什么呢?有许多引文在引用过程中存在标点符号错误、衍文、脱文、讹文等各种弊病,如果不详加甄别就贸然引用,可能闹出笑话,至少是学术态度不够端正。笔者在撰写博士论文时,导师嘱咐我必须校对引文至少三次。第一次校对错讹之处,第二次校对标点,第三次校对原文献的引用版本等信息。我在引用张怀瓘《书断》中的"朱焰绿烟,乍合乍散。飘风骤雨,雷怒霆击,呼吁可骇也。信足以张皇当世,轨范后人矣。至若磔耄竦骨,裨短截长,有似夫忠臣抗直,补过匡主之节也;矩折规转,却密就疏,有似夫孝子承顺,慎终思远之心也;耀质含章,或柔或刚,有似夫哲人行藏,知进知退之行也。固其发迹多端,触变成态。或分锋各让,或合势交侵。亦犹五常之与五行,虽相克而相生,亦

---

① 汪小洋,孔庆茂.科举文体研究[M].天津:天津古籍出版社,2005:31.

相反而相成"[1]这一片段时,看到许多人引用该文献,但都是间接引用,且不少都有错字、漏字。我经过好几个小时的反复比对搜索,才找到原本。

在引用古文时,我经常使用读秀"知识"一栏进行反查,也经常发现短短一段文字,引用者有上百人,且引文标点、用字各有差异,若不仔细辨别,就有可能出现引文错讹。

所以,在引用文献尤其是古文献时,一定要找到原本,详细校对勘定再注释,这是做科研必须要有的态度。

(三)切忌一稿多投

由于学术期刊审稿周期普遍较长,而发表论文有时候又有时间限制,为了加快见刊速度,有人就会写一篇稿子发给许多目标期刊。这样就可能造成学术不端的事实,造成恶劣影响。

一稿多投会浪费编辑的精力,甚至导致重复发表。有的期刊的审稿周期可能会比公告的审稿周期略长,如果时间允许,最好多等一些时日,或者及时给编辑打电话沟通进度,待确定被退稿后再另投他刊,以避免出现尴尬局面。

四、如何查找期刊邮箱

现今很多期刊都开通了网上投稿系统,尽管部分利用率不高,来稿可能若干月后仍然处于"分稿"状态,但也有不少期刊会及时回复作者邮件,所以通过邮箱投稿还是有很大的成功率。

兹列出两个查找邮箱的途径供大家参考。

---

[1] 张怀瓘.书断[M].邵军,校注.太原:山西教育出版社,2018:58.

(一)去图书馆查阅

图书馆阅览室一般都会有重点期刊的现刊和过刊,刊物的扉页或者封底页一般会有该期刊的邮箱、网址、电话等明确信息。

但图书馆的期刊一般都是核心期刊或级别较高的期刊,有些本科生发文可能难度相对较大,所以我们仍然需要通过更多途径去搜寻一些普通期刊的邮箱。

(二)通过网页搜索邮箱

网络包罗万象,不少热心的前辈会在网上分享自己的投稿经验。如果仔细搜寻,可能会找到国内几十种甚至上百种期刊的邮箱地址,并且准确率还很高。这种方法能够给我们提供一些帮助,但一定要注意及时甄别真伪,防止被"学术贩子"坑害。

中国期刊网上可以搜索到不少期刊的联系方式,同学们可以试一试。

五、如何跟编辑交流

(一)沟通时应注意态度谦逊

向编辑部老师发送邮件时,一定要注意措辞,客气、礼貌永远不会过时。

在作品投出后,要注意跟进,比如一个月过后,编辑还没有给你回邮件,那就可以拨打编辑部的电话询问进度,同样要注意用语礼貌、态度谦逊。

(二)防止受骗

不少人因为急于发表论文,匆促之下没有及时辨别真伪就发出自己的稿件。这样一来,自己辛辛苦苦写的稿件就有可能被二道贩子贩卖,也有可能遭受财产损失。因此一定要对查到的邮箱详加甄别,确定非"文章贩子"才可以投稿。

总之,发表论文一定要注意不能病急乱投医,一定要反复确认后方可投稿。

课后练习:

1. 请试着搜寻几个你感兴趣的期刊的联系方式。

2. 请根据《信息与文献　参考文献著录规则》(GB/T 7714—2015)规定的格式,写出专著、期刊论文、硕博论文参考文献各一条。

第六章　如何撰写科研项目申报书

科学研究是高校的重要工作之一,学生也应当对高校的科研工作有所了解,为以后从事科学研究奠定基础。

第一节　科研项目的分类

申报科研项目时,一般要围绕自己主要的研究方向和成果写申报书。因此,事先了解科研项目的分类就十分重要。

文科类科研项目覆盖范围很广,涵盖了历史学、文化学、语言学、社会学、政治学等多个方面。在这里,我们依照项目的级别把文科的科研项目分为若干类型。

一、国家级项目

国家级项目由国家层面设立,旨在资助具有重大理论意义和现实价值的社科研究课题。这类课题通常由全国哲学社会科学工作领导小组的下设机构全国哲学社会科学工作办公室发布和管理,包括国家社会科学基金项目等。其特点是项目经费充足,研究水平高,对经济社会发展具有重要影响。

二、省部级项目

省部级项目是指由教育部等国家部委或省级政府设立的社科研究课题。这类课题通常针对某一特定领域或问题进行深入研究,具有较高的学术价值和应用价值。省部级课题的设立和管理相对规范,项目经费较为稳定,是社科研究领域较为重要的项目构成。

三、市厅级项目

市厅级项目是指由市级或厅级政府部门设立的社科研究课题。这类课题通常针对本地区或本行业的社会现象和问题进行研究,具有较强的地域性和行业性特点。市厅级课题的设立和管理相对灵活,可以根据实际情况进行调整和优化,为地方经济社会发展提供有力支持。

四、校级项目

校级项目是指由高校内部设立的社科研究课题。这类课题通常由学校科研管理部门组织申报和评审,旨在促进本校社科研究水平的提高和学科建设的发展。校级课题的设立和管理相对简单,但同样具有重要的学术价值和实践意义。

五、其他类别项目

除了以上四个级别的项目外,还有一些其他类别的社科研究项目,如企业委托课题、国际合作课题等。这些课题通常具有特定的研究目的和资金来源,其级别和重要性因具体情况而异。

综上,不同级别的课题在研究内容、研究水平和项目经费等方面存在差异,但都具有重要的学术价值和实践意义。在申报时,应根据实际情况选择合适的项目类别进行申报。

第二节　课题申报注意事项

一、国家级项目

(一)熟悉申报流程

国家社会科学基金年度项目申报书和活页需要在网上填报以后由系统生成带有水印和编号的申报材料,然后下载打印,由本单位主管部门盖章寄送至上一级主管部门审核,再由上一级部门盖章批准,寄送至相关部门。

在申报时,我们一定要注意如下几点。

1. 申报资格与限制

①申报数量限制。申请人只能申报一个国家社会科学基金年度项目,且不能作为课题组成员参与申报其他国家社会科学基金年度项目。课题组成员最多参与两个国家社会科学基金年度项目申请;在研国家级项目课题组成员最多参与一个国家社会科学基金年度项目申请。申报本次年度项目的申请人不能申报同年度国家社会科学基金重大项目。

②项目类别选择。在重点项目、一般项目、青年项目、西部项目等项目中,只能选择一个类别申报。青年项目申请人年龄不超过40周岁(具体年龄要求可能随年份调整,请以当年通知为准)。

③在研项目限制。在研国家社会科学基金项目、国家自然科学基金项目及其他国家级科研项目负责人,不得申报新的国家社会科学基金年度项目(结项证书标注日期需在规定时间之前)。

④避免重复申报。历年的国家级、省部级科研项目申请人及课题组成员,不能作为负责人以与往年内容基本相同或相近的申报材料申请新项目。

不得通过变换责任单位回避前述条款规定,不得将内容基本相同或相近的申报材料以不同申请人的名义申报。

2. 申报材料准备

①申请书填写。细致阅读"填表说明"及各栏目的具体说明,确保填写规范。

项目登记号与项目序号保持空白,无须填写。

学科分类严格依据课题指南选择单一学科填写,跨学科课题遵循"靠近优先"原则。

课题名称表述科学、严谨、规范、简明,一般不加副标题,且不超过40个汉字(含标点符号)。

申请人姓名使用标准姓名,禁用笔名;所在单位填写至学校层级即可。填表日期应与申请书第2页中的填表日期保持一致,手写签名不可遗漏或打印。

②论证活页。论证内容与活页保持一致,真实准确填写前期研究成果及相关条件。遵循匿名性要求,避免透露个人信息。控制字数,合理排版,确保评审专家阅读顺畅。

③纸质材料提交。申请人在线申报的同时应提交纸质版申请书一式多份(具体份数以当年通知为准),并确保线上线下内容完全一致。

(二)其他注意事项

1. 单位审核意见

申请人所在单位应对申请书内容进行审核,并填写审核意见,包括确认申请书内容属实、课题负责人及参加者的政治和业务素质适合承担研究工作、本单位能提供完成课题所需的时间和条件等。

2. 创新性与可行性

选题应具有新意,无论是新理论、新方法、新视角还是新材料,都应体现创新性。论证部分应扎实可行,包括明确的研究问题、清晰的研究思路、合理的研究方法以及预期的研究成果等。

3. 遵守纪律

在申报过程中,严禁弄虚作假、抄袭剽窃等违规违纪行为。一旦查实,将取消参评资格,并受到相应处罚。

总之,申报前不但要详细阅读每年最新的申报须知和填报要求,还要参考当年的申报指南和近三年立项通知,只有严格按照要求申报,才能提高项目申报的成功率。

二、其他项目

市厅级项目申报要注意以下几项:

①注意选题要紧密结合地方政治、经济、文化中的热点问题,市厅级项目比较注重项目与地方经济、文化的结合,注重项目的社会效应。

②申报前要仔细阅读申报通知、填表须知和至少近两年立项通知和项目指南,以全面把握申报方向,并且防止重复申报,浪费时间和精力。

③填写前期成果时要写与申报内容相近、相关的内容,不要把所有成果都罗列上去,因为评委老师时间有限,且申报书大都有字数限制。

④必须注意格式的规范性和版面的美观性。

总体而言,任何项目都要认认真真反复打磨,按照项目申报的具体要求体现出自己的成果优势、科研条件优势以及该项目的细节优势。

以下为"国家社会科学基金项目申请书"与论证活页样本(未填写),通过此样本,同学们可对项目申报要做的准备工作有更加直观的认识。

国家社会科学基金项目申请书样本(2021年版)

项目登记号 ☐

项目序号 ☐

国家社会科学基金项目
申 请 书

学 科 分 类 ＿＿＿＿＿＿＿＿
项 目 类 别 ＿＿＿＿＿＿＿＿
课 题 名 称 ＿＿＿＿＿＿＿＿
申 请 人 姓 名 ＿＿＿＿＿＿＿＿
申请人所在单位 ＿＿＿＿＿＿＿＿
填 表 日 期 ＿＿＿＿＿＿＿＿

课题负责人承诺:

我承诺对本申请书填写的各项内容的真实性负责,保证没有知识产权争议。如获准立项,我承诺以本申请书为有法律约束力的立项协议,遵守全国哲学社会科学工作办公室的相关规定,按计划认真开展研究工作,取得预期研究成果。全国哲学社会科学工作办公室有使用本申请书所有数据和资料的权利。若填报失实、违反规定,本人将承担全部责任。

课题负责人(签章)

年 月 日

填写说明

一、"申请书"请用计算机填写,所用代码请查阅"国家社会科学基金项目申报数据代码表",所有表格均可加行加页,排版清晰。

二、封面上方两个代码框申请人不填,其他栏目请用中文填写,其中"学科分类"填写一级学科名称,"课题名称"一般不加副标题。

三、"数据表"的填写和录入请参阅"填写数据表注意事项",相关问题可咨询当地哲学社会科学规划管理部门。

四、"课题论证"活页与"申请书"中"表二 课题设计论证"内容略有不同,请参阅表内具体说明。

五、"申请书"报送一式 5 份,统一用 A3 纸双面印制、中缝装订,"课题论证"活页夹在申请书内。各省(区、市)报送当地哲学社会科学规划管理部门,新疆生产建设兵团报送兵团哲学社会科学规划办公室,在京中央国家机关及其直属单位报送中央党校科研部,在京部属高等院校报送教育部社科司,中国社会科学院报送本院科研局,军队系统(含地方军队院校)报送全军哲学社会科学规划办公室。

填写"数据表"注意事项

一、本表数据将全部录入计算机,申请人必须逐项如实填写。填表所用代码以当年发布的"国家社会科学基金项目申报数据代码表"为准。

二、"数据表"中粗框内一律填写代码,细框内填写中文或数字。若粗框后有细框,则表示该栏需要同时填写代码和名称,即须在粗框内填代码,在其后的细框内填相应的中文名称。

三、有选择项的直接将所选代码填入前方粗框内。

四、部分栏目填写说明：

课题名称——应准确、简明地反映研究内容，一般不加副标题，不超过40个汉字(含标点符号)。

关键词——按研究内容设立。最多不超过3个主题词，词与词之间空一格。

项目类别——按所选项填1个字符。例如，选"重点项目"填"A"，选"一般项目"填"B"，选"青年项目"填"C"等。

学科分类——粗框内填3个字符，即二级学科代码；细框内填二级学科名称。例如，申报哲学学科伦理学专业，则在粗框内填"ZXH"，细框内填"哲学伦理学"字样。跨学科课题填写与其最接近的学科分类代码。

所在省市——按代码表规定填写。地方军队院校不按属地填写，一律填写"军队系统"。

所属系统——以代码表上规定的七类为准，只能选择某一系统。

工作单位——按单位和部门公章填写全称。如"北京师范大学哲学系"不能填成"北京师大哲学系"或"北师大哲学系"，"中国社会科学院数量与技术经济研究所"不能填成"中国社会科学院数技经所"或"中国社科院数技经所"，"中共北京市委党校"不能填为"北京市委党校"等。

课题组成员——必须是真正参加本课题的研究人员，不含课题负责人。不包括科研管理、财务管理、后勤服务等人员。

预期成果——指最终研究成果形式，可多选。例如，预期成果为"专著"填"A"，选"专著"和"研究报告"填"A"和"D"。字数以中文千字为单位。结项成果原则上须与预期成果一致，如计划用少数民族语言或者外语撰写成果，请在论证中予以说明。

申请经费——以万元为单位,填写阿拉伯数字。申请数额可参考本年度申报公告。

一、数据表

课题名称								
关键词								
项目类别		A.重点项目 B.一般项目 C.青年项目 D.一般自选项目 E.青年自选项目						
学科分类								
研究类型		A.基础研究 B.应用研究 C.综合研究 D.其他研究						
课题负责人		性别		民族			出生日期	
行政职务		专业职称					研究专长	
最后学历		最后学位					导师	
所在省(自治区、直辖市)							所属系统	
工作单位							联系电话	
身份证件类型		身份证件号码					是否在内地(大陆)工作的港澳台研究人员	
课题组成员	姓名	出生年月	专业职称	学位	工作单位	研究专长		本人签字
预期成果		A.专著 B.译著 C.论文集 D.研究报告 E.工具书 F.电脑软件 G.其他					字数(千字)	
申请经费(单位:万元)					计划完成时间			

二、课题设计论证

本表参照以下提纲撰写,要求逻辑清晰,主题突出,层次分明,内容翔实,排版清晰。

1. [**选题依据**]　国内外相关研究的学术史梳理及研究动态;本课题相对于已有研究的独到学术价值和应用价值等。

2. [**研究内容**]　本课题的研究对象、总体框架、重点难点、主要目标等。

3. [**思路方法**]　本课题研究的基本思路、具体研究方法、研究计划及其可行性等。

4. [**创新之处**]　在学术思想、学术观点、研究方法等方面的特色和创新。

5. [**预期成果**]　成果形式、使用去向及预期社会效益等。

6. [**参考文献**]　开展本课题研究的主要中外参考文献。

三、研究基础和条件保障

本表参照以下提纲撰写,要求填写内容真实准确。

1. [**学术简历**]　课题负责人的主要学术简历、学术兼职,在相关研究领域的学术积累和贡献等。

2. [**研究基础**]　课题负责人前期相关研究成果、核心观点及社会评价等。

3. [承担项目]　负责人承担的各级各类科研项目情况,包括项目名称、资助机构、资助金额、结项情况、研究起止时间等。

4. [与已承担项目或博士论文的关系]　凡以各级各类项目或博士学位论文(博士后出站报告)为基础申报的课题,须阐明已承担项目或学位论文(报告)与本课题的联系和区别。

5. [条件保障]　完成本课题研究的时间保证、资料设备等科研条件。

说明:前期相关研究成果限报5项,成果名称、形式(如论文、专著、研究报告等)须与"课题论证"活页相同,活页中不能填写的成果作者、发表刊物或出版社名称、发表或出版时间等信息要在本表中加以注明。与本课题无关的成果不能作为前期成果填写;合作者注明作者排序。

四、经费概算

费用	序号	经费开支科目	金额(万元)	序号	经费开支科目	金额(万元)
直接费用	1	资料费				
	2	数据采集费				
	3	会议费/差旅费/国际合作与交流费				
	4	设备费				
间接费用						

注:经费开支科目参见《国家社会科学基金项目资金管理办法》(财教〔2021〕237号)。

五、课题负责人所在单位审核意见

  申请书所填写的内容是否属实;该课题负责人及参加者的政治和业务素质是否适合承担本课题的研究工作;本单位能否提供完成本课题所需的时间和条件;本单位是否同意承担本项目的管理任务和信誉保证。

    科研管理部门公章   单位公章

    年 月 日   年 月 日

六、各地社科规划管理部门或在京委托管理机构审核意见

  对课题负责人所在单位意见的审核意见;是否同意报全国哲学社会科学工作办公室送学科评审组评审;其他意见。

                单位公章

              年 月 日

七、评审意见

学科组人数		实到人数		表决结果	
赞成票		反对票		弃权票	
主审专家建议资助金额		万元	学科评审组建议资助金额		万元

主审专家意见	1.立项依据;2.改进建议。 主审专家签字: 年　月　日
学科组意见	 学科组召集人签字: 年　月　日

论证活页样本

| 项目序号 | |

项目类型　□应用科学研究类　　　　□基础学科研究类

国家社会科学重大理论与现实问题研究项目论证活页

（2021年版）

一、研究意义

（一）现状述评

（二）选题意义

（三）研究价值

二、研究内容

（一）本项目的研究总体框架

（二）重点和难点

（三）主要目标

（四）主要内容

三、创新之处

四、预期影响

五、研究基础

（一）前期研究成果及科研优势

（二）核心研究观点

说明：1. 活页上方的项目序号框，申请人不填，项目类型必须填写。

2. 活页文字表述中不得直接或间接透露个人相关背景材料，否则取消参评资格。

3. 项目负责人近期相关成果只填成果名称、成果形式等，不填写作者姓名、单位。

课后练习：

请结合你的专业方向，拟写一份国家社会科学基金项目申报材料。

参考文献

[1] 宋楚瑜. 如何写学术论文[M]. 北京:北京大学出版社,1978.

[2] 王仲闻. 李清照集校注[M]. 北京:人民文学出版社,1979.

[3] 郭沫若. 屈原[M]. 南京:江苏人民出版社,1983.

[4] 金开诚,董洪利. 屈原集校注[M]. 北京:中华书局,1996.

[5] 李渔. 闲情偶寄[M]. 诚举,等译注. 昆明:云南大学出版社,2003.

[6] 汪小洋,孔庆茂. 科举文体研究[M]. 天津:天津古籍出版社,2005.

[7] 威斯特. 研究生论文写作技巧:帕尔格雷夫研究技巧系列[M]. 王欣双,赵霞,李季,译. 大连:东北财经大学出版社,2012.

[8] 凌斌. 法科学生必修课[M]. 北京:北京大学出版社,2013.

[9] 何海波. 法学论文写作[M]. 北京:北京大学出版社,2014.

[10] 王雨磊. 学术论文写作与发表指引[M]. 北京:中国人民大学出版社,2017.

[11] 大村敦志,道垣内弘人,森田宏树,等. 民法研究指引:专业论文写作必携[M]. 徐浩,朱晔,其木提,等译. 北京:北京大学出版社,2018.

[12] 张怀瓘. 书断[M]. 邵军,校注. 太原:山西教育出版社,2018.

[13] 清华大学中文系. 操斧伐柯,取则不远:清华大学中文系研究生学术论文

写作备览[M].北京:清华大学出版社,2018.

[14] 徐有福.学术论文写作十讲[M].北京:北京大学出版社,2019.

[15] 刘国涛,余晓龙,等.法学论文写作指南[M].北京:中国法制出版社,2019.

[16] 沈芳,李成彦.应用文科本科专业教学改革[M].上海:同济大学出版社,2019.

[17] 张波.实证论文写作八讲[M].南京:南京大学出版社,2020.

[18] 胡雅茹.我的第一本思维导图入门书[M].北京:北京时代华文书局,2020.

[19] 蚂蚁.思维导图:简单、高效的思维整理术[M].北京:中国法制出版社,2020.

[20] 刘红.学术写作与规范[M].北京:北京大学出版社,2021.

[21] 朱艳军.大学生职业素养提升研究[M].北京:中国纺织出版社,2021.

[22] 叶继元.学术规范通论[M].上海:华东师范大学出版社,2022.

[23] 荣新江.学术训练与学术规范:中国古代史研究入门[M].北京:北京大学出版社,2022.

[24] 杨理论.唐宋诗之争的最后交锋:卷菱湖《宋百家绝句》的编选[J].中国诗学研究,2024(01).

[25] 贺雪梅.地名语言研究的意义和路径:以陕西为例[J].语言与文化论丛,2024(01).

[26] 李中国,周莹.地方应用型高校转型过程中教师发展的困境与突破[J].教育理论与实践,2024(12).

[27] 陈杰,朱红根,张利民.立德树人视角下课程设置对大学生德育素养的影响研究:以经济学专业为例[J].高教学刊,2024(08).

[28] 王天明.初中生物课堂中思维导图的运用[J].学园,2024(11).

[29] 马元涛.思维导图辅助高中英语语篇教学理论探讨[J].中学课程辅导,2024(10).

[30] 张娟.巧用思维导图培养初中学生自主学习能力[J].中学数学,2024(5).

[31] 靳转玉.失语的女性:从《废都》《暂坐》看贾平凹的女性观[J].今古文创,2024(20).

[32] 陈燕.大班语言区的思维导图例谈[J].教育视界,2024(12).

[33] 黄碧赫."偶然性"的另一种可能:徐悲鸿《惑》再解读:兼与杭春晓商榷[J].文艺研究,2023(10).

[34] 李春燕,银燕,余同普.物理类课程实践环节设置研究:以麻省理工学院、加州理工学院、苏黎世联邦理工学院为例[J].教育教学论坛,2023(50).

[35] 许飞.俞平伯与"自传说"[J].红楼梦学刊,2023(5).

[36] 李晋霞.论证语篇中叙事性语段的语言特点[J].汉语学报,2023(01).

[37] 于博.研究生论文写作中的问题意识缺失与教学改革路径探析[J].学位与研究生教育,2022(06).

[38] 王秉鸿,耿显正,周显良.基于典型频度显著性差异字词的《红楼梦》作者分析[J].名家名作,2022(21).

[39] 杨丽花.晚唐五代文学与文化共同体建设[D].兰州大学,2022.

[40] 陆诗忠.我国刑法死刑适用标准的体系解释:兼与冯军教授商榷[J].中南大学学报(社会科学版),2020(04).

[41] 曾洪英.论思维导图在高三物理复习中的反馈[J].教育,2018(39).

[42] 李飞跃.倚声改字与词体的律化[J].文艺研究,2017(02).

附录一　论文提纲示例三则

定边县小学教师惩戒权运用现状、问题及对策分析

一、小学教师惩戒权运用现状

1. 调查结果
2. 调查结果分析

二、小学教师行使惩戒权存在的问题

1. 教师惩戒观念偏斜,学生权益保障不足
2. 行使惩戒权科学依据不足,存在较大的随意性
3. 缺乏有效的惩戒形式

三、小学教师行使惩戒权的对策及建议

1. 国家建立健全法律体系

2. 各类媒体的正确引导

3. 学校建立完善科学的教育和惩戒机制

4. 教师加强个人综合素养

《北京人》与《城的灯》中长子形象比较研究

一、作者的创作动机

二、与世沉浮:长子命运图谱

(一)长子形象

1. "生命的空壳"——曾文清
2. "拼搏的羔羊"——李佩甫
3. "同是天涯沦落人"——二人形象比较

(二)命运溯源

1. 环境原因
2. 文化原因
3. 个人原因

三、精神内涵

(一)根脉意识
(二)以和为贵

生存与抗争——浅论孙频长篇小说《绣楼里的女人》

一、女性意识的觉醒

（一）女性意识的定义

（二）当代女性意识的发展

（三）《绣楼里的女人》中的女性意识

二、《绣楼里的女人》中的女性形象

（一）传统封建的老姨太

（二）孤独自私的贺红雨

（三）坚强聪慧的大女女

（四）叛逆极端的段采云

三、生存困境与自我救赎

（一）传统封建观念的侵蚀

（二）自我意识的扭曲

附录二　优秀论文示例
近代汉语使役句役事缺省现象研究
——兼谈语言接触对结构形式和语义的不同影响[①]

张　赪

＊本研究得到教育部人文社会科学重点研究基地重大项目（12JJD740012）、北京语言大学校级科研项目（11GH02）的资助。

摘要： 本文描写了宋元明时期使役句缺省役事的情况。指出：与宋代相比，元代使役句缺省役事的情况占比并没有变化，但句义有明显变化，出现了句义偏离使役义、句义完全没有使役义两类句子，明代以后这两类句子也明显减少并有固化趋势；与元代直译体文献相比，元代非直译体文献中使役句缺省役事的情况占比低得多，与前后期的汉语文献相比基本一致，但是在两类元代文献中役事缺省的使役句的语义一样复杂。通过对比汉语、中古蒙语的使役结构，指出元代缺省役事使役句的语义变化是汉蒙语言接触的结果，

---

① 选自清华大学中文系.操斧伐柯，取则不远:清华大学中文系研究生学术论文写作备览[M].北京:清华大学出版社,2018.该文原发表于《中国语文》2014年第3期第236-246、288页。

这说明语言接触中句法结构的形式与语义受影响的程度不同,第二语言习得的规律可以对这种不同作出解释。

关键词:使役句;役事;缺省;语言接触;二语习得

汉语使役句的形式结构是"主语－使役动词－兼语－谓词短语",记作"$NP_1+SHI+NP_2+VP_2$"。相对应的语义结构是"致事－使役行为－役事－结果行为或状态"。一般情况下役事都要出现,但在语义非常明确的情况下,役事也可以缺省,如"民可使由之,不可使知之",这种情况虽然很少见,但从古至今一直存在。不过,我们在阅读文献时发现元代役事缺省的使役句情况比较复杂。本文首先对元代的缺省役事的使役句的结构和语义进行描写,然后联系前后时期使役句缺省役事的情况以及元代文献语言的性质对元代役事缺省的使役句特点进行解释。

元代考察的语料为《新校元刊杂剧三十种》、《老乞大》(元刊本)、《元典章·刑部》。在这三种语料中《元典章》的语言较为复杂,据李崇兴(2000)可分为直译体和非直译体两类,直译体部分带有较明显的蒙古语影响的特征。本文考察了"教、交、令、使、着"几个动词作使役标记的使役句,根据张赪(2012)的调查,《新校元刊杂剧三十种》、《老乞大》(元刊本)中使役动词主要使用"教、交","使"已经衰落。而《元典章·刑部》中主要使用的使役动词有"教、交、令、使、着",但直译体部分主要用"教、交","令、使"只有数例,非直译体中主要用"令","教、交、使"用例较少。"着"在所有语料中在所有文献中都用得不多,是个新兴的使役动词。

根据类型学和跨语言对比研究成果,汉语的使役句属于致使范畴中的分析型致使结构。有学者指出分析型致使结构是以两个小句形式来表达致使,句中有两个动词,分别是使役动词和底层实义动词,在分析型致使结构中两个动词的论元都可在句中得到句法实现,但在不同语言中这些论元特别是底层实义动词的论元的实现方式是不同的。接受这种观点,本文把汉语使役句中 VP_2 中的动词称为底层动词。

1. 元代使役句役事缺省考察

元代使役句缺省役事的情况非常复杂,可大致分为役事可据上下文明确补出(下称甲类)、役事虽可补出但不补语义更通顺(下称乙类)、役事无法补出或补出后语义发生改变(下称丙类)三类,三类使役句的语义有所不同。

1.1 甲类

役事根据上下文能明确补出或确认,句子表达明确的使役义。这类使役句又可分为三种。

第一种,役事在上文出现过或是通过意会可以补出。

(1)有侄儿刘端,字正己,是个秀才,为投不着婆婆意,不曾交家来。(《新校元刊杂剧三十种·老生儿,楔子》)

(2)今后出使,合从各衙门量事轻重,选差有取役练达事体之人。如至擦司,事毕即令回还直隶,本郡果有必合催办公事,须令各管上司,转行差人干辨。(《元典章》卷十,使臣往治属,取受)

(3)炒得半熟时……锅子上盖覆了,休着出气。(《老乞大》)

上述三例役事都在前文中出现过,句中我们加着重号表示。又如:

(4)(正末云:)你交村里住,须没酒吃。(《新校元刊杂剧三十种·遇上皇,第一折》)

(5)看者看者咱征斗,都交死在咱家手。(《新校元刊杂剧三十种·气英布,第三折》)

上举例(4)役事是说话者自己,义"你交我村里住",例(5)役事是与说话者"征斗"的人,说话者对自己一方人说要让与己方"征斗"的人都死在自己手里。役事虽没有在上下文中明确出现,但可以明确意会补出。

第二种,役事提到句首作主语或是话题,自然在使役标记后面出现了役事空位,如:

(6)救得我为君有子共妻,我交那里寻个亲兄弟。(《新校元刊杂剧三十种·楚昭王,第四折》)

(7)赢了的朝野内峥嵘侍主,输了的交深山里锄刨去。(《新校元刊杂剧三十种·薛仁贵,第一折》)

(8)如有应监者,仍令异处,毋得混杂。(《元典章》卷二,僧尼各处监禁)

上举例(6)两句话都是楚王从自己的角度说的话,"我交那里寻个亲兄弟"就是"交我那里寻个亲兄弟",役事置于句首和前一句保持了说话的角度一致。例(7)两句对举,对比的不同对象置于句首。例(8)役事出现在前面的"有+NP"句中,"有+NP"为引出新话题的结构。这类役事位于句首的句子,虽然在句法结构上使役动词后不能再出现役事,但使役动词后的役事位置是存在的并且役事是可以在句中确认的。

第三种,底层动词有特殊性,如:

(9)将这切了的草,豆子上盖覆了,休烧火,气休教走了,自然熟也。(《老乞大》)

(10)休说那你歹我好,朋友的面皮休教羞了。(《老乞大》)

上举两例与前面所举例最大的不同是底层动词都是具有作格性的动词,句首名词放到使役动词"教"字后、实义动词前或是放在底层实义动词后句子都成立,如果把句首名词看作是"教"的受事,那么上举两例就是役事置于句首,如果把句首名词看作是底层动词的受事,则是底层动词的受事置于句首的受事主语句。这两例在《老乞大》较晚的版本中都变成了普通的述宾句。

"气休教走了"一例,在明、清两代分别改作了①:

(11) 休教去了气。(《老乞大谚解》)

(12) 只教不要走了气。(《老乞大新释》)

(13) 别教走了气。(《重刊老乞大》)

"朋友的面皮休教羞了"在清代改作:

(14) 不要羞了朋友的面皮。(《老乞大新释》)

(15) 休羞了朋友的面皮。(《重刊老乞大》)

文献中偶尔可见使役标记后缺省的役事出现在底层动词后,如下例中底层动词"睡"也是具有一定作格性的动词,有一定特殊性:

(16) 子怕腐烂了芒鞋竹杖,尘昧了蒲团纸帐。尘世上,勾当,顿忘,枉交盹睡了都堂里宰相。(《新校元刊杂剧三十种:陈抟高卧,第四折》)

这类特殊动词的用例非常少,如果不用使役动词句子也十分顺畅。

1.2 乙类

役事根据上下文可补出,但不补出表达更顺畅,句义与使役义有一定偏离。这类使役句可分为两种情况。第一种,役事是泛指的人,在话语中不重要,因而缺省。如:

(17) 据应收到荆推、桦罗、箱柜、栲老、席簟,似此可以藏贼之物,不许露地顿放,亦合令盖教房收贮,封锁门户。(《元典章》卷十三,关防仓库盗贼)

(18) (刘备云了。)(正末云:)既然有二兄弟同来,交请那姓关的来。(《新校元刊杂剧三十种:博望烧屯,第一折》)

(19) (等净上冻倒科。)(等外末交救了。)(《新校元刊杂剧三十种:公孙汗衫记,第一折》)

---

① 例(11)-(15)转引自李泰洙(2003)。

上述几例,役事泛指的某个"人",并不是说者一定要点明的内容,因此缺省。这种句子在元杂剧的对话中常见,用例很多。这些句子都只是表示底层动词代表的行为不是致事自己亲自所为,并不强调是说话者致使役事如何,从广义上也可理解为致事做了句子所表达事件行为。如"合令盖房收贮",主要表达的是说话人的一个决定"对可藏贼之物应该盖房收藏",如"交请那姓关的来",对在门外的仆人说请姓关的进来,请人进来是仆人所为,但主人命令仆人去实施这个行为,本身也是"请"的一部分。又如"交救了",将冻倒的人抬回屋内而救醒不是"外末"所为,但外末叫人救本身也是救人行为的一部分。下例(20)同上,巡院命令巷长的重点是拿贼,而并不在乎是巷长让其他人去拿贼,还是巷长自己也参与拿贼,但从整个事件来看,传达巡院的命令、安排人手也是拿贼的一部分。

(20)巡院里高声叫巷长,交把那为头儿失火的拿下。(《新校元刊杂剧三十种:公孙汗衫记,第二折》)

如果从广义理解的话,致事本身的行为也是底层动词所述行为的一部分,可以部分代指整个行为,那么这些句子也可以不用使役动词,直接说成致事发出这一动作,句子就只用底层动词,句子的主要语义并没有变。上述几例如果去掉使役动词都是完全可以成立的。

第二种,役事在文中具体有所指,但补出后的句子的句式、语义不如缺省时顺畅、完整。

(21)他前世托生在京华,贪财心没命煞,他油铛内见财也去抓。富了他三五人,穷了他数万家。今世交受贫乏还报他。(《新校元刊杂剧三十种:看钱奴,第一折》)

这例使役句所在的段落是以"他"为话题,一系列行为均是他所为,虽然"交受贫乏"可补为"交他受贫乏",但这样就明确了"受贫乏"的事件是别人的行为所致,明确了这句句首名词应是他人,"他"位于使役动词后而不是句首,句子的话题改变,整个句段中断,而如果不补出"他",则模糊了"受贫乏"是别人所致还是自己所致,语气上与前文衔接更顺畅。

(22)主公倚仗着范增、英布,怕甚末韩信、萧何。我则待独分儿兴隆起楚社稷,怎肯交劈半儿停分做汉山河?(《新校元刊杂剧三十种:气英布,第一折》)

这例可以补为"交他们劈半儿停分做汉山河",但不补句子短一些,更有气势,且如果不用使役动词句子也可以成立。这样的用例还有很多。

(23)既那厮背着一人,便合交灭了九族。(《新校元刊杂剧三十种:赵氏孤儿,第四折》)

(24)(带云:)与十两银做盘缠。(唱:)与了盘缠交速离门。(《新校元刊杂剧三十种:公孙汗衫记,第一折》)

(25)晋灵公偏顺,朝廷重用这般人……纵得交欺凌天子,恐吓诸侯,但违他的都诛尽。(《新校元刊杂剧 三十种:赵氏孤儿,第一折》)

(26)拈起纸笔,标事实,交千年万古传于世。(《新校元刊杂剧三十种:贬夜郎,第三折》)

(27)若离远窎,于当处里正、主首告报过,方许开剥。仍遍行所属州县,常切禁治,毋令违犯。(《元典章》卷十九,倒死牛马,里正、主首告报过,开剥)

上述几例都是虽可根据上文补出役事,但补出役事后,句子不及原来的顺畅,同时如果去掉使役动词,句子完全可以成立,意思不变。

对于役事可补但不补更好的这类使役句的分析显示,这类句子的使役动词都可以不出现,句子也完全成立,这一点与甲类役事缺省使役句有明显不同。当役事、使役动词都不出现时,句子就是普通的主动句,形式与语义紧密相关,说明这类使役句的句义已一定程度上偏离了"使役义",至少它的使役义没有甲类句子明确。

1.3 丙类

役事不能补出,句子并无使役义。下面的句子都没有使役义,使役动词完全可以去掉,用不用使役动词句子的语义没有变化。

(28)(云:)俺今日有甚亲?你自姓张,你自交夫家去了!(《新校元刊杂剧三十种:老生儿,第四折》)

(29)(元吉道:)我有一计,将美良川图子献与官里,道的不是反臣那甚么?交坏了尉迟,哥哥便能够官里做也。(《新校元刊杂剧三十种:三夺槊,第一折》)

(30)那厮管见我这单雄信屈死的冤魂现,嗏!你今日合交替他生天。这的又打不得关节,立不得证见。(《新校元刊杂剧三十种:三夺槊,第四折》)

例(28)和(29)见于元曲的宾白,"你自交夫家去"就是"你自夫家去","交坏了尉迟"就是"坏了尉迟",这例前面一句是元吉献计,这句是接着说献计后会发生的情况。例(30)见于元曲唱词,"你今日合交替他生天"就是"你今日合替他生天"。这样的用例还有很多:

(31)须是你药杀他男儿交带累他妻,嗨!(《新校元刊杂剧三十种:魔合罗,第四折》)

(32)投至奏的九重禁阙君王准,交烧与掌恶酆都地藏神。(《新校元刊杂剧三十种:东窗事犯,第四折》)

(33)近有东岳灵文,交替了陈寿千年无字碑古自证不的本。(《新校元刊杂剧三十种:东窗事犯,第四折》)

(34)便与我放开沟渠,交淹了军卒,向浪涛中,波面上,狗扒伏。(《新校元刊杂剧三十种:博望烧屯,第二折》)

(35)现有这张翼德招伏文状,交识锄田汉行军的胆量。(《新校元刊杂剧三十种:博望烧屯,第三折》)

(36)我则理会庞涓刖了孙膑,几曾见张仪冻杀苏秦。好交自喷。(《新校元刊杂剧三十种:替杀妻,第二折》)

(37)咱却且尽教俺呆着休劝,请夫人更等三年。(《新校元刊杂剧三十种:拜月亭,第四折》)

(38)已后,似此违犯之妇,申部呈省详断,无令擅决。奉此。(《元典章》卷七,男妇执谋翁奸,又)

这类句子只是形式上在底层动词前使用了使役动词,从句式语义来说完全没有使役义,因此很难确定句首名词的语义角色是役事,如例(28)"你自姓张,你自交夫家去了!",前后两句对举,应作同样分析,都是一般的主动句。例(31)"须是你药杀他男儿交带累他妻",例(34)"便与我放开沟渠,交淹了军卒",例(37)"咱却且尽教俺呆着休劝"都是句首名词所指所发出的一连串主动行为,虽然有时后一行为是前一行为的结果,如例(31)(34),这是由于两个行为发生的时间顺序造成的,从前后文的语义以及两个动词与句首名词所指的语义关系看都不是表达使役或致使,例(38)两个动词分别为肯定和否定形式,"申部呈省详断"和"无令擅决",说明应该采取和不该采取的做法,非使役义十分明确。这些句子中的"交/教"完全可以去掉。

有时,"SHI + VP_2"用作补语,使役结构同样没有使役义,使役动词完全可以去掉。如:

(39)休想得五男并二女,死得交灭门绝户!(《新校元刊杂剧三十种:调风月,第四折》)

(40)舍人呵!谁不知俺娘劣,您爷狠。伯伯,两阵狂风是紧,也不到得交吹散楚城云。(《新校元刊杂剧三十种:紫云亭,楔子》)

(41)枉了你修福利,送的交人亡家破,瓦解星飞。(《新校元刊杂剧三十种:东窗事犯,第二折》)

总的说来,丙类役事缺省的使役句,句子中的使役动词似乎是多余的,对表达句义没有作用,为什么用使役动词原因需要进一步探讨。

以上描写了元代文献中使役句缺省役事的几种情况及相关句义。表1是对元代几种语料中缺省役事的使役句的统计,《元典章》中直译体和非直译体分开统计。

表1　元代语料役事缺省句占比

统计项目	元刊杂剧	老乞大	元典章(非直译体)	元典章(直译体)
役事缺省句数量	75	6	48	162
语料总数	381	42	384	251
役事缺省句占比	19%	14%	12.5%	64.5%

可见,《元典章》直译体部分缺省役事使役句的用例远多于另三种语料,有一半多的使役句不出现役事。上文所举《元典章》用例都是非直译体部分的用例,以见《元典章》与其他元代语料语言共同的特征。下面的用例都是见于直译体部分的,只举出了使役义不明或没有使役义的用例,在直译体部分这类句子更易看到。

(42)可怜见呵,依着先立定的圣旨体例交问呵,怎生?(《元典章》卷十五,词讼不指亲属干证)

(43)孛兰奚鹰犬,迷儿火者、不答失里两个根底不交收拾,背地里飞放的,打三十七下,断没一半者。(《元典章》卷十八,孛兰奚鹰犬)

(44)他每的别勾当里不干预,似这般过钱的和尚每有呵,不交约会和尚每的头目,则交监察廉访司,就便依例取问呵,怎生?(《元典章》卷十,僧人过钱,察司就问)

(45)别个但是教写着名儿的人,断一百七下。(《元典章》卷十五,禁写

无头圆状)

(46)我教扫的宽者,孙重二骂我瞎着眼睛,见甚么?(《元典章》卷四,打死壻)

2. 元代缺省役事使役句的变化及原因

上一节描写了元代语料中使役句缺省役事的情况,非直译体语料和直译体语料中役事缺省占比有明显差异,这自然会让人疑问这种差异是否是元代蒙汉语言接触的反映。

为此,本文考察了宋代的《朱子语类》《碧岩录》《二程集》《乙卯入国奏请》《三朝北盟汇编》①。宋代常用的使役动词有"教、令、使","令、使"在宋代还使用较多,缺省役事的用例也不少。如:

(47)便朝廷取问萧相公、梁学士,当时商量,教看南朝意度如何?(《乙卯入国奏请》)

(48)僧云:"和尚教来问。"(《碧岩录》第七十三则)

(49)昔吕伯恭亦多劝学者读左传,尝语之云:"论孟圣贤之言不使学者读,反使读左传!"(《朱子语类》卷一百二十三)

(50)乃退,援琴而歌,使知体康。(《二程集·河南程氏遗书》卷第二十三)

(51)某答他,令更掉了这个,虚心看文字。(《朱子语类》卷一百三十九)

(52)侍者对曰:"师不曾有疾,适封一合子,令侯王来呈之。"(《碧岩录》第六则)

宋代语料中使役句缺省役事的情况见表2,《乙卯入国奏请》《三朝北盟

---

① 《朱子语类》考察了97卷至140卷,《二程集》考察了"河南程氏遗书""河南程氏外书""河南程氏粹言"三部分,《乙卯入国奏请》《三朝北盟汇编》考察了《近代汉语语法资料汇编》(宋代卷)中所选录的部分。

汇编》都是外交谈判实录,合并为"实录":

表2　宋代役事缺省句占比

统计项目	朱子语类	碧岩录	二程表	实录
役事缺省句数量	56	27	75	31
语料总数	259	108	286	136
役事缺省句占比	22%	25%	26%	30%

可以看到,宋代使役句缺省役事的占比与元代受蒙语影响较少的非直译体各文献中的占比更接近,元代汉语使役句的句式结构基本保持了汉语自身的特点,《元典章》直译体部分较高的役事缺省占比确与蒙语的影响有关。

在役事缺省使役句的语义方面,宋代用例中基本都是可以明确补出役事、明确表达使役的句子,如上举诸例。下面几例中缺省的役事是不确指的"人",句义仍是明确的使役义。

(53)明道令于君臣父子兄弟上求。(《朱子语类》卷一百二十一)

(54)先生不出,令入卧内相见。(《朱子语类》卷一百二十一)

(55)今我军先到燕京,你随行尽见,可回报捷。已教写宣抚司牒,今差五百骑相送。(《三朝北盟汇编》)

下面2例,底层动词是有作格性的动词,句子不用使役动词基本意义也没有太大改变。

(56)假饶楚王城畔,洪波浩渺,白浪滔天,尽去朝宗,只消一喝,也须教倒流!(《碧岩录》第三十八则)

(57)马祖当时若不扭住,只成世谛流布。也须是逢境遇缘,宛转教归自己,十二时中,无空缺处。(《碧岩录》第五十三则)

例(57)可和例(58)对比,也可不用使役动词表达。

(58)所以百丈道:"森罗万象,一切语言,皆转归自己,令转辘辘地,向活泼泼处便道。"(《碧岩录》第三十九则)

下面2例,句义偏离使役义。

(59)定上座是这般汉,被临济一掌,礼拜起来,使知落处。(《碧岩录》第三十二则)

(60)他作家相见,如隔墙见角便知是牛,隔山见烟便知是火,捋着使动,捺着便转。(《碧岩录》第二十四则)

例(59)"使"后可意会补出役事"定上座",但从这段的表达看,整段以定上座为话题,役事不补出,可与前文保持同个叙述角度,句意更顺畅。例(60)从对应的下句看,也可理解为一般的主动句,"使"的语义没有体现在句中。这种偏离使役义的用例宋代我们只见到这两例。也就是说宋代使役句缺省役事基本是在使役义非常明确、役事明确有所指的条件下,没有出现不表使役义的使役句。与此不同,元代使役义不明确或没有使役义的使役句在各类文献中都可见到,用例有一定数量。《老乞大》有1例,占该书总用例的2%,元刊杂剧有25例,占该书使役句总用例的7%,《元典章》非直译体和直译体部分分别有10例、46例,分别占总用例的3%、18%。元杂剧中这种使役句占到7%,说明元代汉语役事缺省的使役句的语义确实有了变化且这种变化确实进入了汉语口语。而元代直译体文献中这种特殊语义的使役句占比明显高出其他文献很多,又说明这种役事缺省的使役句的语义变化与蒙语的影响有关。

以上考察显示,从宋至元汉语使役句缺省役事的占比变化不大,也就是说汉语使役句的句式结构并没有变化,但是缺省役事的使役句语义却有明显变化,宋代缺省役事的使役句语义要单纯得多,基本都是使役义十分明确的句子,而元代却有使役义明确、使役义不明确、没有使役义三种,相应的句子内部语义结构也比宋代复杂,有可补出役事、不宜补出役事、补不出役事三种。对照宋代文献、元代非直译体文献和元代直译体文献反映的情况,可以认为元代缺省役事使役句的复杂语义是汉语受蒙语使役范畴表达影响而发生的变化。

中古蒙语以"动词+使动缀"表达致使,表示使动态的附缀为–ul–、–IG–,在《蒙古秘史》中用汉字"兀勒""温勒"记音表示①。标记在动词上,表示该动作受到某种影响而发生,但并不标记与该动作相关的致事或役事。下面例(61)、(62)见于《蒙古秘史》,先列出总译,再列出汉字音写及相对应的旁译,致使结构部分加点标出。

(61)(桑昆自去与他父说,你如今见存,他俺行不当数),若父亲老了呵,将俺祖父辛苦着收集的百姓如何肯教我管?(《蒙古秘史》卷五)②

忽儿察忽思不亦鲁　　罕　　额赤格因　赤讷　　勺般　　额堆　　忽里牙周
　　人　名　　　　　皇帝　　父　的　　你的　　生受　　这些　　收拾着

阿黑三　兀鲁昔　赤讷　马纳兀　篾迭兀勒古　客捏别儿　也勤
往来的　百姓行　你的　俺行啊　教管么　　　任谁行也　如何

篾迭兀勒古　客额主为。
教管　　　　说了

---

① 关于中古蒙古语使动态的论述参看小泽重男(2004)、嘎日迪(2006)、韩礼德(2007)。

② 该句是桑昆提醒父王警惕成吉思在他死后篡位,这句话用较通顺的现代汉语来说是"你百年之后,成吉思怎么会让我管理、统领我祖父征战得来的百姓"。

可看到,总译为"教我管","教"引出役事"我",但对照原文和旁译,原文为"篾迭兀勒",使动缀"兀勒"附于动词"篾迭"(义"管")后,旁译为"教管",以"教"译蒙语的使动缀,并按汉语的语序位于动词前,原文句中出现了役事并带有名词格标记,旁译为"俺行""谁行","行"在元代广泛用于对译各种名词格标记。在蒙汉逐词对译的旁译中,"教"用于翻译动词的相关标记,并不表示役事的语义特征,役事的特征由其他的词翻译,在本例中用"行"表示。但总译时则按照汉语的习惯译为"教俺管",使役动词"教"同时标记了役事和底层动词。

(62) 为那般将札合敢不的百姓,不曾教掳了(《蒙古秘史》卷七)

帖列	申	塔阿你牙儿	札合敢不	宜	亦马合	合里牙坛	奄出
那	缘	故因	人名	行	他行	属的每	梯己
亦儿格别儿	秃	答阿	那阔额	乞勒昆孛勒	客额周	莎余儿合周
百姓也	图	全行	第二	辕条做	说着	恩赐着

额薛　塔刺兀勒罢。
不曾　教　掳了

例(62)原文未出现役事,只有动词和使役标记"塔剌兀勒",旁译、总译都为"教+掳"。这句是成吉思汗在将札合敢不杀死后,说自己因为要报札合敢不的恩而决定不掳掠札合敢不的百姓,该句用通顺的现代汉语说是"因为那样缘故,不掳掠札合敢不的百姓",是他自己不把札合敢不的百姓占为己有,还是不让他的手下、兄弟占有,并没有表明,谓语动词前只出现了受事"百姓",使动缀的使用明确了这个行为肯定不是百姓所为,致事和役事是谁在句中没有明说,也不是本句表述的重点,从原文和旁译看总译"教掳"中的"教"

的作用很清楚,不可或缺,但如果只看总译,则"教"的用法和意义是不清晰的,按照汉语的习惯,这里完全可以直接用动词,是个主动句。上举两例,虽然例(61)总译"教"后出现了役事,例(62)没有,但从原文和旁译看,都是以"教"对译蒙语中紧附在动词后的"兀勒",两句的"教"都只表示动作的使动性,不出现役事的"教+V"更接近蒙语的使动结构,反映出动词使用词缀表达使动的特点,出现役事的"教"字句则是根据汉语习惯,让"教"兼译了使动缀和名词的格。下例是成吉思汗呵斥冲入帐篷要杀他的人,呵斥的同时自己冲出了帐篷:

(63)七子便塞着门,围着火盆立,捋起衣袖,太祖惊起,说<u>教躲了我出去</u>。说罢出去。(《蒙古秘史》卷十)

"教躲了我出去"为祈使句,主语如果出现为听话方,显然这里没有"谁让谁如何"的使役义,"教"表达"躲"是听话方受影响而产生的行为,作为使动缀附在动词上。对熟悉中古蒙古语使动表达以及当时蒙语汉译的惯常句式的人来说很容易理解"教躲"的含义,但对不具备这些背景的汉语使用者来说,未必能准确理解到这一层。而将句义含混地理解为"躲了我出去",并不影响交际,却滤掉了原文的使动义。下面两例"教"字句也都是要求听话人施行某种行为的祈使句,一句见于元杂剧,一句见于《元典章》非直译体部分,反映出这种用法确实在元代有一定程度的流行。

(64)你把这瓮内酒休交剩。(《新校元刊杂剧三十种·严子陵垂钓七里滩,第三折》)

(65)薛禅皇帝:"将贼每休教放者。"(《元典章》卷十一,处断盗贼新例)

两句按汉语的习惯都应该不用使役动词,直接用主动句表达。但究竟理解为动词附有使役标记的使动句,还是主动句,取决于交际者的语言知识背景。如果理解为主动句,那"教"字句就偏离了汉语使役句的范围,但这显然也不是蒙语使动句的句义。

汉语使役句以使役动词作标记,标记在役事上,因此役事、致事的语义角色在使役句中得到突显,使役句重在表达某个致事导致某个役事变化,表达重点在致事与役事的关系,一般情况下汉语使役句必须出现役事,只在上下文非常明确的情况下才允许役事缺省。蒙语以使动缀作标记,标记在动词上,强调了动作是受影响所致、非自动发出,役事、致事没有突显,可以不明确出现。汉语使役句更强调"谁/什么使得谁/什么怎么样"的意思,蒙语使役句更强调"受影响而发生",当蒙语的致使表达对译为汉语的"教+动词"时,汉语母语者对其表达的动作"受影响性"并不敏感,会滤掉这层语义。缺省役事的"使役动词+动词"结构从形式上说与蒙语的使役表达最接近,又是汉语已有的格式,因而作为中介语常用于蒙汉交际中[①],使用中汉语二语习得者淡化了这种结构在汉语里所强调的致事与役事的关系,使该结构出现的语境扩大,致事、役事关系不明确或不突出时也会使用,而汉语母语者又未完全接受作为中介语的"使役动词+动词"结构所带有蒙语使役句的"动作行为是受影响所致"的语义,结果使得元代的"使役动词+动词"句义偏离使役义,一定程度上用得如普通主动句,表示发生了什么。需要注意的是这种语义既非

---

① 直译体文献中"使役动词+动词"的高频出现显示了这点。

汉语使役句的语义也非蒙语使役句的语义,是语言接触中发展出的新义①。

汉语使役句在元代以前可以表达使役义、被动义,元代又产生了既非使役义又非被动义的语义,包括上文所讨论的役事缺省的乙类、丙类,这种特殊语义的使役句都是役事缺省的句子。结合上文论述的情况,可以说,在元代,汉语对缺省役事的"使役动词+动词"这种结构并没有由于与蒙语对应的表达结构相似而扩大接受度,对比表1和表2可知这一点。但元代汉语在一定程度上接受了蒙语致使表达中不强调致事与役事关系的语义,从而使汉语使役句语义发生了变化。

3. 缺省役事的使役句在元以后的变化

前文分析了元代缺省役事使役句的复杂语义产生的原因,认为是受到了蒙语的影响,特别是完全不表使役的一类句子,是蒙语要在谓语动词上加标记表示其与句首名词的非直接施动关系的句法要求在汉语里的一种折衷表现。如果前文的分析成立,那么在蒙语的影响衰退后,这类特殊的使役句也应该消亡。为此,我们考察了明代的语料。

《元曲选》经明人整理改编过,语言层次较复杂,元、明两代语言成分都有。《元曲选》中有15本杂剧也见于《元刊杂剧三十种》,比较这两个版本,其明显的不同可以看作是语言变化的反映。因此本文对《元曲选》中的这15

---

① 元代汉语使役句还出现了个别表处置的用例,本文检到3例。如"我交的茸茸蓑衣浑染的赤,变做了通红狮子毛衣。(《新校元刊杂剧三十种:西蜀梦,第一折》)""我若早知你这等德性,只好教你与札木合阿 勒坛忽察儿每一例废了来。(《蒙古秘史》卷十)"。宋代文献中有"致使、处置"两解的"教"字句,如"莫教平生心胆向人倾,相识还如不相识,只这僧问如何是奇特事。(《碧岩录》)""正叔谓:'宁使公事勘不成则休,朝廷大义不可亏也。'(《二程集·河南程氏遗书卷第二》)"表致使还是表处置取决于是否强调致事的主动性,而元代的用例处置义则十分明确了。

本杂剧的使役句作了专门考察,与元刊本相比,只看到上节所述的甲类役事省略句,即只有役事可明确补出、使役义十分明确的一类,另两类未见。例如:

(66)〔韩信云〕着他过来。〔卒子云〕着过去。(《元曲选:赚蒯通,第二折》)

(67)〔云〕引孙。你去说道。有亲如你的便着过来。(《元曲选:老生儿,第四折》)

例(66)回应上句"着他过来",说"着过去",可补出"你",这种场合使用的"着过来/着过去"在《元曲选》中很多,可以看成是元曲中的固定用语。

役事可以明确补出,但由于底层动词有作格性,所以不用使役动词句子也成立的句子仍然有。例如:

(68)〔云〕张千。休教走了这老子。等我慢慢的奈何他。(《元曲选:铁拐李,第一折》)

(69)名缰利锁都教剖。意马心猿尽放开。(《元曲选:铁拐李,第四折》)

下面一例在元刊本、明刊本都出现了,两个句子基本一样。

(5)看者看者咱征斗,都交死在咱家手。(《新校元刊杂剧三十种:气英布,第三折》)

(70)看者看者咱争斗。都教望着凤儿走。看者看者咱争斗。都教死在咱家手。(《元曲选:气英布,第三折》)

偏离使役义的用例未见,不表使役的用例有下面一例,该例在元刊本也出现了,应是元刊本的保留,一并列举在下,可比较。

(71)凭着八字从头断您一生,叮咛,不交差半星。(《新校元刊杂剧三十种:陈抟高卧,第一折》)

(72)凭着八字从头断一生。丁宁。不教差半星。(《元曲选:陈抟高卧,第一折》)

元刊杂剧中有一例不表使役的用例,上文已举:

(28)(云:)俺今日有甚亲?你自姓张,你自交夫家去了!(《新校元刊杂剧三十种:老生儿,第四折》)

在明刊本中,该例变做下例:

(73)〔正末唱〕哎。女婿着出舍。闺女着回房。相当。(《元曲选:老生儿,第三折》)

元刊本一例"交"后无法补出役事,句子是明确的主动义,无须使用使役动词,而明刊本一例则是役事在句首作主语、使役动词"着"后出现空位,该句的使役义十分明确。从这句的两个刊本的不同表达也可以看出,从元到明使役句的非使役义用法的衰亡。

为了更清楚地了解明代缺省役事的使役句的语义,我们还考察了明代几部小说中的使役句①。在役事缺省的使役句中绝大部分是可以补出役事、使役义明确的。下面例句中役事是不确指的"人",并非表义重点,可以不说,致事的行为是底层动词所表述行为的一部分,不用使役动词句义没有很大改变,属于上节所述乙类。

(74)那太子进了寺来,必然拜佛,你尽他怎的下拜,只是不睬他。他见你不动身,一定教拿你,你凭他拿下去,打也由他,绑也由他,杀也由他。(《西游记》三十七回)

(75)"怎么得个真人头——我们那剥皮亭内有吃不了的人头选一个来。"众妖即至亭内拣了个新鲜的头,教啃净头皮,滑塔塔的,还使盘儿拿出。(《西游记》八十六回)

---

① 本文检索了电子资源国学宝典中的《西游记》《醒世恒言》《喻世明言》《拍案惊奇》《二刻拍案惊奇》几部小说。

(76)起敬道:"郑君德行,袁公神术,俱足不朽!快教取郑爷冠带来。"穿着了,重新与尚宝施礼。(《拍案惊奇》卷二十一)

完全不表使役的丙类句子,小说中也可见到。如:

(77)正是:羊肉馒头没得吃,空教惹得一身膻。(《醒世恒言》卷二十七)

调查发现,明代小说中这种不表使役的句子中使役动词"教"常与否定词"莫、休、免"以及副词"管""任"一起使用①。与否定词连用的例句如:

(78)只是要剪草除根,莫教坏了我高门清德。(《西游记》十九回)

(79)尝见一个老者,自言太白金星,常教诲我等,说那孙行者的模样莫教错认了。(《西游记》四十四回)

(80)我已教你父亲去寻媒说合,将你改配他人。乘这少年时,夫妻恩爱,莫教挫过。(《醒世恒言》卷五)

(81)只有一个原本,再无微利添囊。好将资本谨收藏,坚守休教放荡。(《西游记》二十四回)

(82)须着意,要心坚,一尘不染月当天。行功进步休教错,行满功完大觉仙。(《西游记》七十四回)

(83)恁的时,休教苦坏了女孩儿。你与他说明,依旧与陈门对亲便了。(《醒世恒言》卷九)

(84)八戒道:"你那里得知,要稻草包着马蹄方才不滑,免教跌下师父来也。"(《西游记》四十八回)

例(79)"说那孙行者的模样莫教错认了"义"不要错认了孙行者",例(82)"行功进步休教错"义"专心行功进步,不要做错了",例(83)"休教苦坏

---

① 本文考察的明代语料中"使、令"字使役句缺省役事的均为可补出的、明确表使役的句子。

了女孩儿"义"不要苦坏了女孩儿",余例分析同。

与"管、任"连用例句如：

(85)"累我来受气"？行者道："管教不误了你。你引我到你家门首去来。"(《西游记》十八回)

(86)朗朗辉辉娇艳,任教出入乘龙。(《西游记》五十九回)

"管教不误了你"义"管保不误了你","任教出入乘龙"义"任出入乘龙","教"没有表达任何致使义。

元代也有否定词与使役动词连用、副词"任"与使役动词连用的用例,如：

(87)合下手休交惹议论。(《新校元刊杂剧三十种：调风月,第一折》)

(88)一任交星移物换,石烂桑枯。(《新校元刊杂剧三十种：竹叶舟,第一折》)

但在元代役事缺省的使役句用例中这类用例只有寥寥几例,并不突出,而在所考察的明代小说中"教"字使役句缺省役事共295例,不表使役义的26例,均为与否定词或是"管、任"连用,可以认为虽然在明代的小说中缺省役事的使役句中有不明确表使役的用例,但其使用并不广泛,更多是限于使役动词与否定词、个别副词连用时,有固化倾向。

4. 结论

以上分别描述了宋元明三个时期使役句缺省役事的情况。调查显示,元代缺省役事的使役句有三类：甲类是可以补出役事,句子使役义明确；乙类是可以补出役事,但不补出句义更顺畅,句义偏离使役义；丙类不能补出役事,句义完全没有使役义,使役动词的使用多余。与宋代[①]相比,元代使役句中缺

---

① 本文考察的明代语料中"使、令"字使役句缺省役事的均为可补出的、明确表使役的句子。

省役事的情况占比并没有变化,但句义有明显变化,乙类、丙类两类句子宋代基本未见,明代以后这两类句子也明显减少并有固化趋势;与元代直译体文献相比,元代受蒙语影响较小的非直译体文献中使役句缺省役事的情况的占比低得多,而与前后期的汉语文献相比却基本一致,但是两类元代文献中役事缺省的使役句的语义一样复杂。通过对比分析汉语、中古蒙语的使役结构,本文认为元代缺省役事的使役句的语义变化是受蒙语的影响的结果,在中介语中以汉语本有的"使役动词 + 动词"这一结构去对译蒙语的使动句,受蒙语影响模糊了汉语使役句对致事和役事关系的强调,受汉语影响又一定程度滤掉了蒙语使役句的"动作受动性"语义,"使役动词 + 动词"结构在元代出现了以往所没有的语义。这种情况从一个方面说明语言接触中句法结构的形式与语义受影响的程度不同,在十三世纪的汉蒙语言接触中汉语使役句的形式几乎没有受到影响,但是使役句的语法意义则发生了变化,偏离了汉语、蒙语使役句的语义,这是学习、使用汉语的蒙古人将蒙语的习惯表达带进汉语并与汉语语法系统折中的结果。这一语言变化可由共时的二语习得规律得到解释,研究表明第二语言习得的难点在于习得形式与意义的匹配,对于形式的习得则要容易得多,即使到了习得的高级阶段,习得者也不能很好掌握与相关形式对应的语义,因而第二语言习得者母语语法系统中的语义可能更顽固地保留在其目的语系统中。而元代使役句的发展还显示语言接触中中介语的结构及语义进入目的语时会再一次受到目的语的干扰,使该结构的语义同时偏离影响它的两个源语言,同一结构在源语言、中介语、语言接触后的语言系统中的语义都不相同。

使役句是汉语的一种重要的句式,近代汉语使役句的研究更多地关注由使役到被动这一主线的历史发展,但缺乏对使役句各时期的发展细节的深入描写,加强这方面的工作可以帮助我们发现更多的值得关注的语言现象。

引用书目

略。

参考文献

冯春田,2000.近代汉语语法研究[M].山东教育出版社.

嘎日迪,2006.中古蒙古语研究[M].辽宁民族出版社.

韩礼德,2007.汉语语言研究:汉译本[M].北京大学出版社.

李崇兴,2000:《元典章·刑部》的语料价值[J].《语言研究》(3).

李泰洙,2003.《老乞大》四种版本语言研究.语文出版社.

戚晓杰,1996.谈兼语的省略及其条件限制[J].世界汉语教学(2).

小泽重男,2004.中世纪蒙古语诸形态研究[M].呼格吉勒图,等译.内蒙古教育出版社.

张赪,2012.元代语言接触中的汉语使役句式[J].民族翻译(2).

(张赪　北京语言大学人文学院　chengzhang@blcu.edu.cn)

附录三 学术出版规范 注释（CY/T 121—2015）节选

1 范围

本标准规定了学术出版物注释的类型、体例以及编排原则。

本标准适用于学术专著的编纂出版，期刊、论文、研究报告可参照使用。

2 规范性引用文件

下列文件对于本文件的应用是必不可少的。凡是注日期的引用文件，仅注日期的版本适用于本文件。凡是不注日期的引用文件，其最新版本（包括所有的修改单）适用于本文件。

GB/T 7714 文后参考文献著录规则

3 术语和定义

下列术语和定义适用于本文件。

3.1

注释 annotation/note

对学术作品的某些内容所作的说明。

注：改写 CY/T 50—2008，定义 3.91。

3.2

脚注 footnote

置于同页末的注释。

注:改写 CY/T 50—2008,3.89。

3.3

尾注 endnote

文后注

置于本篇文章后面的注释。

[CY/T 50—2008,3.90]

3.4

夹注 interlinear note

置于行文中的注释。

3.5

边注 marginal note

旁注 side note

置于版心一侧的注释。

3.6

出处注 source note

标明正文中引用资料来源的注释。

3.7

内容注 content note

对正文中相关内容进行解释、校订、补充和扩展的注释。

3.8

作者注 annote by author

著作中作者本人所加的注释。

3.9

他人注　annote by others

著作中作者之外的人所加的注释。

3.10

注释－编号制　Notes－Numberic System of citation

依序在引文处标示注码,以对应的脚注或尾注呈现引文出处信息的文献征引方式。

3.11

著者—出版年制　Author－Date System of citation

在引文处括注引文的著者、出版年,文后参考文献详列征引信息的文献征引方式。

4　注释的分类

4.1　按加注者可分为:作者注、他人注。

4.2　按注释的功能可分为:出处注、内容注。

4.3　按注释的位置可分为:脚注、尾注、夹注、边注、图注和表注等。

5　注释的要求

5.1　作者注

5.1.1　篇幅简短或与正文衔接紧密的作者注可用夹注。

示例1:16－17世纪,西方向东方扩张,东方世界被按照离世界中心——西欧的远近划分为近东(地中海到波斯湾)、中东(波斯湾到东南亚)、远东(太平洋地区东亚和东南亚国家)。

示例2:实践证明,以低碳水化合物、高脂肪饮食为主的饮食结构对糖尿病患者的胰岛功能并无益处。故,当前中外医学专家均认为提高碳水化合物,降低脂肪比例的饮食结构,对改善糖尿病患者血糖耐量有较好的结果。这是观念的更新。(但"提高碳水化合物"系指适当提高多糖含量,并非随意食用单糖或双糖类食物。)

5.1.2　内容较多且与正文衔接不紧密,宜用脚注或尾注。

5.1.3　若作品有多位作者并各自加注,应加说明。

示例:Agape 一词,也可译为"神爱"或者"慈爱"。——作者 1

"智者运动"引发了对大多数人所接受信仰的怀疑情绪。——作者 2

5.2　他人注

5.2.1　应在注文结束后加破折号和注释者。注释者后不加句号。

示例 1:托比·胡佛认为,从 8 世纪末到 14 世纪末,阿拉伯科学很可能是世界上最先进的科学,远远超过了西方和中国。——编者

示例 2:"他"指查理·罗伯特·达尔文,英国博物学家,进化论奠基人。——引者

5.2.2　他人注较多而作者注较少时,可对作者注进行标识,或另加说明。

5.3　脚注

5.3.1　脚注置于本页底部,与正文用脚注线隔开;按正文中出现的先后顺序排列;脚注线的长度应为 版心的 1/4。

5.3.2　脚注单列时应缩进两格起排,转行顶格,句末加句号。

5.3.3　脚注注码宜全书统编或每面单独编排。

5.3.4　注码编号与正文中的注码编号应一致。

5.3.5　注文字号应小于正文字号。

5.4　尾注

5.4.1　尾注应在注的上方加排"注释"字样。

5.4.2 各条尾注单列时应缩进两格起排,转行顶格,句末加句号。

5.4.3 注码按被注文字出现的先后顺序编号,篇、章、节后注的注码应每篇、章、节连续排序,置于篇、章、节后,或统一置于书末;书末注的注码宜全书连续编排。

5.4.4 注码编号与正文中的注码编号应一致。

5.4.5 注文字号应小于正文字号。

5.5 夹注

5.5.1 注文应紧接被注文字。

示例:为了界定什么样的国家才能承担起这样的任务,学者又进一步提出了"嵌入性自主"(embedded autonomy)和"约束性自主"(bounded autonomy)等概念(Evens,1995;Zhao and Hall,1994)。

5.5.2 注文应置于圆括号内;注文本身有圆括号时应将其改为方括号。

5.5.3 被注事项为完整句,注文放在句号后;若注文为完整句,注文后应加句号。

5.5.4 被注事项为非完整句,注文句末(后括号前)不加标点,省略号、叹号、问号除外。

5.5.5 注文可以是一个自然段或几个自然段,都用一对括号标明起止。

6 注码的形式及要求

6.1 注码可使用阿拉伯数字、汉字、字母或符号序号等。

示例1:1,2,3……

示例2:① ② ③……

示例3:[一][二][三]……

示例4:[1][2][3]……

示例 5：a，b，c，d ……

示例 6：Ⅰ，Ⅱ，Ⅲ ……

示例 7：*，* *，* * * ……

6.2 文中的注码应紧跟被注文字，用右上角标标注。

6.3 对某一章节或者篇章的出处、作者进行说明时，宜用 * 作为注码，通常排在数字注码前。

7 出处注的形式及要求

7.1 出处注分为顺序编码制（参见 GB/T 7714）、注释－编号制（参见附录 A）和著者－出版年制（参见附录 B）三种形式。

7.2 出处注应确保准确、完整、统一，同一出版物应采用一种出处注格式。

附录 A、B 略。

附录四　学术出版规范　引文
（CY/T 122—2015）

1　范围

本标准规定了学术出版中引文的基本要求。

本标准适用于学术专著的出版，期刊、研究报告、论文等其他文献可参照使用。

2　规范性引用文件

下列文件对于文件的应用是必不可少的。凡是注日期的引用文件，仅注日期的版本适用于本文件。凡是不注明日期的引用文件，其最新版本（包括所有的修改单）适用于本文件。

GB/T 15834　　标点符号用法

3　术语与定义

下列术语和定义适用于本文件。

3.1

引文　quotation

引用的相关文献的词语、句子和段落。

注:改写 CY/T 50—2008,定义 3.87。

3.2

行中引　run – in quotation

插入行文中的引文形式。

3.3

提行引　set – off quotation

引文段　block quotation

单独成段的引文形式。

4　引文的基本要求

引文的基本要求包括:

a) 应引用与行文相关的词语、句子或段落;

b) 引用应完整、准确;

c) 引文应有出处;

d) 引文应与行文贯通。

5　引文形式

5.1　行中引

行中引包括以下几种形式:

a) 引文为关键词。

示例:孙中山很多决策实际上也是"调和现状"而非"彻底解决"。

b) 引文为原文,且篇幅较小。

示例:古人云:"多行不义必自毙。"

c) 引用原意。

示例:德国学者 N. 克罗斯研究了瑞士巴塞尔市附近侏罗山中老第三纪

断裂对第三系褶皱的控制;之后,他又描述了西里西亚第 3 条大型的近南北向构造带,并提出地槽是在不均一的块体的基底上发展的思想。

5.2 提行引

提行引包括以下几种形式:

a)引文篇幅较长或需强调。

示例:正是针对类似的情况,阿罗告诫我们:

> 我以为正是这样一种思维方式导致了历史上的巨大灾难。这种对过去目标的信奉使得我们恰恰在后来的经历表明这一信奉应该改变的时候,反而强化了最初的承诺。

b)引文用于比较。

示例:知颍州的吕公在《答手诏》的奏疏中说:

> 臣闻晏子曰:"天之有彗,以除秽也。"考之传记,皆为除旧布新气象。……
>
> 今民不安业,畎亩愁叹,上干和气,……又况加之以天地变异乎!

王安石在回答这道手诏的奏章中,仍然坚持其"天变不足畏"的观点,说道:

> 臣等伏观晋武帝五年,彗实出轸;十年,轸又出孛。而其在位二十八年,与《乙巳占》所期不合,盖天道远,人道迩,先王虽有官占,而所信者人事而已。

c)引文为信件、书目纲要、清单等。

示例:1917 年 4 月 9 日,胡适十分激动地给陈写信说:

> 今晨得《新青年》第六号,奉读大著《文学革命论》,快

慰无似！足下所主张之三大主义,适均赞同。适前著《文学改良刍议》之私意,不过欲引起中国人士之讨论,征集其意见,以收切磋研究之益耳。今果不虚所愿,幸何如之！

5.3 引用诗歌时,可用提行引,亦可用行中引,格式如下。

示例 1:在描写征战边疆苦楚的诗作中,李白的《关山月》是代表作,诗曰:

> 明月出天山,苍茫云海间。
>
> 长风几万里,吹度玉门关。
>
> 汉下白登道,胡窥青海湾。
>
> 由来征战地,不见有人还。
>
> 戍客望边色,思归多苦颜。
>
> 高楼当此夜,叹息未应闲。

示例 2:如徐志摩的《赠日本女郎》:"最是那一低头的温柔／象一朵水莲花不胜凉风的娇羞／道一声珍重,道一 声珍重／那一声珍重里有蜜甜的忧愁／——沙扬娜拉！"

6 引文的标记

6.1 引用关键词、原文时,引文加引号。引号应符合 GB/T 15834 的相关规定。

6.2 引用原意时,不加引号。

6.3 提行引时,引文不加引号,字体字号宜与正文有所区别;宜与正文行文上下空一行;引文段整体左侧缩进两格。

6.4 引文一部分采用行中引,一部分采用提行引时,适用各自的规则。

示例:"随着这几年沙尘暴的肆掠,内蒙古锡林郭勒盟的生态环境为全国

关注。"刘代表说:

> 第一步我们使全国40％的草场得到治理;第二步,再治理40％草场,基本遏制生态恶化的趋势,初步绿起来、富起来;到2015年,基本实现草原生态良性循环。

7 引文中的省略

7.1 引文省略与行文无关的字、词、句或段落,应使用省略号(……)进行标识。

7.2 引文前不应使用省略号,引文后不宜使用省略号。

7.3 省略几个段落时,应采用两个省略号标识,其后再引用的段落起始处有省略时,该段落之前应用 省略号。

示例:"族群"则为多族群国家内部具有不同文化传统的群体,可称为"亚文化群体"。目前中文对这个词汇的使用,混淆了它们之间的重要差异。

…………

……在亚非拉各殖民地也出现了要求民族解放的"民族主义－民族自决"运动。世界各地的不同民族先后出现了"政治化"的发展趋向。

7.4 引文中本身存在省略号时,引用时后加的省略号用"[ ]"标识。

示例:轰炸机与搜查飞机的隆隆响声、炸弹声、枪炮声……这已是日据区,但血战还继续着［……］很多有钱人被绑架了,拿大笔钱赎身。

8 引文的注释

8.1 引文应有出处注,体例应统一。

8.2 插入引文中的文字说明应置于方括号内。

8.3 对引文整体的说明宜用脚注或尾注。

8.4 应保留引文自身包含的文献征引或注释信息。

附录五　信息与文献　参考文献著录规则（GB/T 7714—2015）节选

1　范围

本标准规定了各个学科、各种类型信息资源的参考文献的著录项目、著录顺序、著录用符号、著录用文字、各个著录项目的著录方法以及参考文献在正文中的标注法。

本标准适用于著者和编辑著录参考文献，而不是供图书馆员.文献目录编制者以及索引编辑者使用的文献著录规则。

2　规范性引用文件

下列文件对于本文件的应用是必不可少的。凡是注日期的引用文件,仅注日期的版本适用于本文件。凡是不注日期的引用文件,其最新版本（包括所有的修改版）适用于本文件。

GB/T　7408—2005　数据元和交换格式　信息交换 日期和时间表示法

GB/T　28039—2011　中国人名汉语拼音字母拼写规则

ISO 4　信息与文献　出版物题名和标题缩写规则(Information and documentation—Rules for the abbreviation of title words and titles of publications)

3 术语和定义

下列术语和定义适用于本文件。

3.1 参考文献 reference

对一个信息资源或其中一部分进行准确和详细著录的数据,位于文末或文中的信息源。

3.2 主要责任者 creator

主要负责创建信息资源的实体,即对信息资源的知识内容或艺术内容负主要责任的个人或团体。主要责任者包括著者、编者、学位论文撰写者、专利申请者或专利权人、报告撰写者、标准提出者、析出文献的著者等。

3.3 专著 monograph

以单行本或多卷册(在限定的期限内出齐)形式出版的印刷型或非印刷型出版物,包括普通图书、古籍、学位论文、会议文集、汇编、标准、报告、多卷书、丛书等。

3.4 连续出版物 serial

通常载有年卷期号或年月日顺序号,并计划无限期连续出版发行的印刷或非印刷形式的出版物。

3.5 析出文献 contribution

从整个信息资源中析出的具有独立篇名的文献。

3.6 电子资源 electronic resource

以数字方式将图、文、声、像等信息存储在磁、光、电介质上,通过计算机、网络或相关设备使用的记录有知识内容或艺术内容的信息资源,包括电子公告、电子图书、电子期刊、数据库等。

3.7 顺序编码制 numeric references method

一种引文参考文献的标注体系,即引文采用序号标注,参考文献表按引文的序号排序。

3.8 著者-出版年制 first element and date method

一种引文参考文献的标注体系,即引文采用著者出版年标注,参考文献表按著者字顺和出版年排序。

3.9 合订题名 title of the individual works

由2种或2种以上的著作汇编而成的无总题名的文献中各部著作的题名。

3.10 阅读型参考文献 reading reference

著者为撰写或编辑论著而阅读过的信息资源,或供读者进一步阅读的信息资源。

3.11 引文参考文献 cited reference

著者为撰写或编辑论著而引用的信息资源

3.12 数字对象唯一标识符 digital object identifier;DOI

针对数字资源的全球唯一永久性标识符,具有对资源进行永久命名标志、动态解析链接的特性。

4 著录项目与著录格式

本标准规定参考文献设必备项目与选择项目。凡是标注"任选"字样的著录项目系参考文献的选择项目,其余均为必备项目。本标准分别规定了专著、专著中的析出文献、连续出版物、连续出版物中的析出文献、专利文献以及电子资源的著录项目和著录格式。

4.1 专著

4.1.1 著录项目

主要责任者

附录五　信息与文献　参考文献著录规则(GB/T 7714—2015)节选

题名项

　　题名

　　其他题名信息

　　文献类型标识(任选)

其他责任者(任选)

版本项

出版项

　　出版地

　　出版者

　　出版年

　　引文页码

　　引用日期

获取和访问路径(电子资源必备)

数字对象唯一标识符(电子资源必备)

4.1.2　著录格式

主要责任者.题名:其他题名信息[文献类型标识/文献载体标识].其他责任者.版本项.出版地:出版者,出版年:引文页码[引用日期].获取和访问路径.数字对象唯一标识符.

示例:

[1] 陈登原.国史旧闻:第1卷[M].北京:中华书局,2000:29.

[2] 哈里森,沃尔德伦.经济数学与金融数学[M].谢远涛,译.北京:中国人民大学出版社,2012:235-236.

[3] 北京市政协民族和宗教委员会,北京联合大学民族与宗教研究所.历代王朝与民族宗教[M].北京:民族出版社,2012:112.

［4］全国信息与文献标准化技术委员会.信息与文献　都柏林核心元数据元素集:GB/T 25100－2010［S］.北京:中国标准出版社,2010:2－3.

［5］徐光宪,王祥云.物质结构［M］.北京:科学出版社,2010.

［6］顾炎武.昌平山水记;京东考古录［M］.北京:北京古籍出版社,1992.

［7］王夫之.宋论［M］.刻本.金陵:湘乡曾国荃,1865(清同治四年).

［8］牛志明,斯温兰德,雷光春.综合湿地管理国际研讨会论文集［C］.北京:海洋出版,2012.

［9］中国第一历史档案馆,辽宁省档案馆.中国明朝档案总汇［A］.桂林:广西师范大学出版社,2001.

［10］杨保军.新闻道德论［D/OL］.北京:中国人民大学出版社,2010［2012－11－01］.http://Apabi.lib.pku.edu.cn/usp/pku/pub.mvc?Pid＝book.detail&metaid＝m.20101104－BPO－889－1023&cult＝CN.

［11］赵学功.当代美国外交［M/OL］.北京:社会科学文献出版社,2001［2014－06－11］.http://www.cadal.zju.edu.cn/book/trySinglePage/33023884/1.

［12］同济大学土木工程防灾国家重点实验室.汶川地震震害研究［M/OL］.上海:同济大学出版社,2011:5－6［2013－05－09］.http://apabi.lib.pku.edu.cn/usp/pku/pub.mvc?pid＝book.detail&metaid＝m.20120406－YPT－889－0010.

［13］中国造纸学会.中国造纸年鉴:2003［M/OL］.北京:中国轻工业出版社,2003［2014－04－25］.http://www.cadal.zju.edu.cn/book/view/25010080.

［14］PEEBLES P Z, Jr. Probability, random variable, and random signal principles［M］. 4th ed. New York: McGraw Hill, 2001.

［15］YUFIN S A. Geoecology and computers: proceedings of the Third International Conference on Advances of Computer Methods in Geotechnical and

Geoenvironmental Engineering,Moscow,Russia,February 1-4,2000[C]. Rotterdam:A. A. Balkema,2000.

[16] BALDOCK P. Developing early childhood services:past, present and future [M/OL].[S. l.]:OpenUniversityPress,2011:105[2012-11-27]. http://lib. myilibary. com/Open. aspx? id=312377.

[17] FAN X, SOMMERS C H. Food irradiation research and technology. 2nd ed. Ames,lowa:Blackwell Publishing,2013:25-26[2014-06-26]. http://onlinelibrary. wiley. com/doi/10. 1002/9781118422557. ch2/summary.

4.2 专著中的析出文献

4.2.1 著录项目

析出文献主要责任者

析出文献题名项

 析出文献题名

 文献类型标识(任选)

析出文献其他责任者(任选)

出处项

 专著主要责任者

 专著题名

 其他题名信息

版本项

出版项

 出版地

 出版者

 出版年

析出文献的页码

引用日期

获取和访问路径(电子资源必备)

数字对象唯一标识你(电子资源必备)

4.2.2 著录格式

析出文献主要责任者.析出文献题名[文献类型标识/文献载体标识].析出文献其他责任者//专著主要责任者.专著题名:其他题名信息.版本项.出版地:出版者,出版年:析出文献的页码[引用日期].获取和访问路径.数字对象唯一标识.

示例:

[1] 周易外传:卷5[M]//王夫之.船山全书:第6册.长沙:岳麓书社,2011:1109.

[2] 程根伟.1998年长江洪水的成因与减灾对策[M]//许厚释,赵其国,长江流域洪涝灾害与科技对策.北京:科学出版社,1999:32-36.

[3] 陈晋镳,张惠民,朱士兴,等.蓟县震旦亚界研究[M]//中国地质科学院天津地质矿产研究所,中国震旦亚界.天津:天津科学技术出版社,1980:56-114.

[4] 马克思.政治经济学批判[M]//马克思,恩格斯.马克思恩格斯全集:第35卷.北京人民出版社,2013:302.

[5] 贾东琴,柯平、面向数字素养的高校图书馆数字服务体系研究[C]//中国图书馆学会.中国图书馆学会年会论文集:2011年卷,北京:国家图书馆出版社,2011:45-52.

[6] WEINSTEIN L,SWERTZ M N,Pathogenic properties of invading microorganism[M]//SODEMAN W A, Jr, SODEMAN W A. Pathologic physiology:

mechanisms of disease. Philadelphia:Saunders,1974:745－772.

［7］ ROBERSONJ A，BURNESONEG. Drinking water standards, regulations and goals[M/OL]// American Water Works Association. Water quality & treatment. a handbook on drinking water. 6th ed. New York:McGraw－Hill, 2011:1.1－1.36[2012－12－10]. http://lib.myilibrary.com/Open.aspx? id = 291430.

4.3 连续出版物

4.3.1 著录项目

主要责任者

题名项

　题名

　其他题名信息

　文献类型标识(任选)

年卷期或其他标识(任选)出版项

　出版项

　出版地

　出版者

　出版年

　引用日期

获取和访问路径(电子资源必备)

数字对象唯一标识符(电子资源必备)

4.3.2 著录格式

主要责任者.题名:其他题名信息[文献类型标识/文献载体标识].年,卷(期)－年,卷(期).出版地:出版者,出版年[引用日期].获取和访问路径.数字对象唯一标识符.

示例:

[1] 中华医学会湖北分会.临床内科杂志[ ].1984,1(1)-.武汉:中华医学会湖北分,1984-.

[2] 中国图书馆学会.图书馆学通讯[J].1957(1)-1990(4).北京:北京图书馆,1957-1990.

[3] American Association for the Advancement of Science.Science[J].1883,1(1)-.Washington,D.C.:American Association for the Advancement of Science,1883-.

4.4 连续出版物中的析出文献

4.4.1 著录项目

析出文献主要责任者

析出文献题名项

 析出文献题名

 文献类型标识(任选)

出处项

 连续出版物题名

 其他题名信息

 年卷期标识与页码

 引用日期

获取和访问路径(电子资源必备)

数字对象唯一标识符(电子资源必备)

4.4.2 著录格式

析出文献主要责任者.析出文献题名[文献类型标识/文献载体标识].连续出版物题名:其他题名信息,年,卷(期):页码[引用日期].获取和访问路径.数字对象唯一标识符.

示例：

[1] 袁训来,陈哲,肖书海,等.蓝田生物群:一个认识多细胞生物起源和早期演化的新窗口[J].科学通报,2012,55(34):3219.

[2] 余建斌.我们的科技一直在追赶:访中国工程院院长周济[N/OL].人民日报,2013-01-12(2)[2013-03-20].http://paper.people.com.cn/rmrb/html/2013-01/12/nw.D110000renmrb_20130112_5-02.htm.

[3] 李炳穆.韩国图书馆法[J/OL].图书情报工作,2008,52(6):6-12[2013-10-25].http// www.docin.com/p-400265742.html.

[4] 李幼平,王莉.循证医学研究方法:附视频[J/OL].中华移植杂志(电子版),2010,4(3):225-28[2014-06-09].http://www.cqvip.com/Read/Read.aspx? id = 36658332.

[5] 武丽丽,华一新,张亚军,等."北斗一号"监控管理网设计与实现[J/OL].测绘科学,2008,33(5):8-9[2009-10-25].http://vip.calis.edu.cn/CSTJ/Sear.dll? OPAC _CreateDetail.DOI:10.3771/j.issn.1009-2307.2008.05.002.

[6] KANAMORI H. Shaking without quaking [J]. Science, 1998, 279 (5359):2063.

[7] CAPLAN P. Cataloging internet resources [J]. The public access computer systems review,1993,4(2):61-66.

[8] FRESE K S, KATUS H A, MEDER B. Next-generation sequencing:from understanding biology to personalized medicine[J/OL]. Biology, 2013, 2 (1):378-398[2013-03-19].http://www.mdpi.com/2079-7737/2/1/378.DOI:10.3390/biology2010378.

［9］MYBURG A A,GRATTAPAGLIA D,TUSKAN G A,et al. The genome of Eucalyptus grandis［J/OL］. Nature,2014,510:356-362(2014-06-19)［2014-06-25］. http://www.nature.com/nature/journal/v510/n7505/pdf/nature13308.pdf. DOI:10.1038/nature13308.

4.5 专利文献

4.5.1 著录项目

专利申请者或所有者

题名项

 专利题名

 专利号

 文献类型标识(任选)

出版项

 公告日期或公开日期

 引用日期

获取和计问路径(电子资源必备)

数字对象唯一标识符(电子资源必备)

4.5.2 著录格式

专利申请或所有者,专利题名:专利号［文献类型标识/文献载体标识］. 公告日期或公开日期［引用日期］. 获取和访问路径. 数字对象唯一标识符

示例:

［1］邓一刚. 全智能节电器:200610171314.3［P］. 2006-12-13.

［2］西安电子科技大学. 光折变自适应光外差探测方法:01128777.2［P/OL］. 2002-03-06［2002-05-28］. http://211.152.9.47/sipoasp/zljs/hyjs-yx-new.asp?recid=01128777.2&leixin=0.

［3］ TACHIBANA R,SHIMIZU S,KOBAYSHI S. et al. electronic watermarking method and system:US6915001［P/OL］.2005 – 07 – 05［2013 – 11 – 11］. http://www.google.co.in/patents/US6915001.

4.6 电子资源

凡属电子专著、电子专著中的析出文献、电子连续出版物、电子连续出版物中的析出文献以及电子专利的著录项目与著录格式分别按 4.1 ~ 4.5 中的有关规则处理。除此而外的电子资源根据本规则著录。

4.6.1 著录项目

主要责任者

题名项

 题名

 其他题名信息

 文献类型标识(任选)

出版项

 出版地

 出版者

 出版年

 引文页码

 更新或修改日期

 引用日期

获取和访问路径

数字对象唯一标识符

4.6.2 著录格式

主要责任者. 题名:其他题名信息［文献类型标识/文献载体标识］. 出版

地:出版者,出版年:引文页码(更新或修改日期)[引用日期].获取和访问路径.数字对象唯一标识符.

示例:

[1] 中国互联网络信息中心.第29次中国互联网络发展现状统计报告[R/OL].(2012-01-16)[2013-03-26].http://www.cnnic.net.cn/hlwfzyj/hlwxzbg/201201/P020120709345264469680.pdf.

[2] 北京市人民政府办公厅,关于转发北京市企业投资项目核准暂行实施办法的通知:京政办发[2005]37号[A/OL].(2005-07-12)[2011-07-12].http://china.findlaw.cn/fagui/p_1/39934.html.

[3] BAWDEN D. Origins and concepts of digital literacy[EB/OL].(2008-05-04)[2013-03-08].http://www.soi.city.ac.uk/~dbawden/digital%20literacy%20chapter.pdf.

[4] Online Computer Library Center, Ine, About OCLC:history of cooperation[EB/OL].[2012-03-27].http://www.oclc.org/about/cooperation.en.html.

[5] HOPKINSON A. UNIMARC and metadata:Dublin core[EB/OL].(2009-04-22)[2013-03-27].http://archive.ifla.org/IV/ifla64/138-161e.htm.

5　著录信息源

参考文献的著录信息源是被著录的信息资源本身。专著、论文集、学位论文、报告、专利文献等可依据题名页、版权页、封面等主要信息源著录各个著录项目;专著、论文集中析出的篇章与报刊上的文章依据参考文献本身著录析出文献的信息,并依据主要信息源著录析出文献的出处;电子资源依据特定网址中的信息著录。

6 著录用文字

6.1 参考文献原则上要求用信息资源本身的语种著录。必要时,可采用双语著录。用双语著录参考文献时,首先应用信息资源的原语种著录,然后用其他语种著录。

示例1:用原语种著录参考文献

[1] 周鲁卫.软物质物理导论[M].上海:复旦大学出版社,2011:1.

[2] 常森.《五行》学说与《荀子》[ ].北京大学学报(哲学社会科学版),2013,50(1):75.

[3] 김세훈, 외. 도서관및독서진흥법 개정안 연구[M]. 서울: 한국문화관광정책연구원,2003:15.

[4] 図書館用語辞典編集委員会.最新図書館用語大辭典[M].東京:柏書房株式會社,2004:154.

[5] RUDDOCK L. Economics for the modern built environment[M/OL]. London:Taylor & Francis, 2009:12[2010 – 06 – 15]. http://lib.myilibrary.com/Open.aspx? id – 179660.

[6] Кочетков А Я. Молибдеи – медно – золотопорфиовое месторождение Рябиновсе[J/OL]. Отечественная гелогия,1993(7):50 – 58.

示例2:用韩中2种语种著录参考文献

[1] 이병목 도서관법규총람: 제 1 권[M]. 서울:구미무역 출판부,2005:67 – 68
李炳穆.图书馆法规总览:第1卷[M].首尔:九美贸易出版部,2005:67 – 68.

[2] 도서관정보정책위원회 발족식 및 도서관정보정책기획단 신설[J]. 圖書館文化,2007,48(7):11 – 12.

图书馆信息政策委员会成立仪式与图书馆信息政策规划团[J]. 图书馆文化,2007,48(7):11-12.

示例3:用中英2种语种著录参考文献

[1] 熊平,吴颉. 从交易费用的角度谈如何构建药品流通的良性机制[J]. 中国物价,2005(8):42-45.

XIONG P, WU X. Discussion on how to construct benign medicine circulation mechanism from tranaction cost perspective[J]. China price 2005(8):42-45.

[2] 上海市食品药品监督管理局课题组. 互联网药品经营现状和监管机制的研究[J]. 上海食品药品监管情报研究,2008(1):8-11

Research Group of Shenghai Food and Drug Administration. A study on online pharmaceutical operating situation and supervision mechanism[J]. Shanghai food and drug information research2008(1):8-11.

6.2 著录数字时,应保持信息资源原有的形式。但是,卷期号、页码、出版年、版次、更新或修改日期、引用日期、顺序编码制参考文献序号等应用阿拉伯数字表示。外文书的版次用序数的结写形式表示。

6.3 个人著者,其姓全部著录,字母全大写,名可缩写为首字母(见8.1.1);如用首字母无法识别该人名时,则用全名。

6.4 出版项中附在出版地之后的省名、州名、国名等(见8.4.1.1)以及作为限定语的机关团体名称可按国际公认的方法缩写。

6.5 西文期刊刊名的缩写可参照ISO 4的规定。

6.6 著录西文文献时,大写字母的使用要符合信息资源本身文种的习惯用法。

附录五　信息与文献　参考文献著录规则(GB/T 7714—2015)节选

7　著录用符号

7.1　本标准中的著录用符号为前置符。按著者-出版年制组织的参考文献表中的第一个著录项目,如主要责任者、析出文献主要责任者、专利申请者或所有者前不使用任何标识符号,按顺序编码制组织的参考文献表中的各篇文献序号用方括号,如:[1]、[2]…。

7.2　参考文献使用下列规定的标识符号:

．　用于题名项、析出文献题名项、其他责任者、析出文献其他责任者、连续出版物的"年卷期或其他标识"项、版本项、出版项、连续出版物中析出文献的出处项、获取和访问路径以及数字对象唯一标识符前。每一条参考文献的结尾可用"．"号。

：　用于其他题名信息、出版者、引文页码、析出文献的页码、专利号前。

，　用于同一著作方式的责任者、"等""译"字样、出版年、期刊年卷期标识中的年和卷号前。

；　用于同一责任者的合订题名以及期刊后续的年卷期标识与页码前。

//　用于专著中析出文献的出处项前。

( )　用于期刊年卷期标识中的期号、报纸的版次、电子资源的更新或修改日期以及非公元纪年的出版年。

[ ]　用于文献序号、文献类型标识、电子资源的引用日期以及自拟的信息。

/　用于合期的期号间以及文献载体标识前。

-　用于起讫序号和起讫页码间。

8　著录细则

8.1　主要责任者或其他责任者

8.1.1　个人著者采用姓在前名在后的著录形式。欧美著者的名可用缩写字母,缩写名后省略缩写点。欧美著者的中译名只著录其姓;同姓不同名的欧美著者,其中译名不仅要著录其姓,还需著录其名的首字母。依据 GB/T 28039—2011 有关规定,用汉语拼音书写的人名,姓全大写,其名可缩写,取每个汉字拼音的首字母。

示例 1:李时珍　　原题:(明)李时珍

示例 2:乔纳斯　　原题:(瑞士)伊迪斯. 乔纳斯

示例 3:昂温　　原题:(美)S. 昂温(Stephen Unwin)

示例 4:昂温 G,昂温 P S　原题:(英)G. 昂温(G. Unwin),P. S. 昂温(P. S. Unwin)

示例 5:丸山敏秋　　原题:(日)丸山敏秋

示例 6:凯西尔　　原题:(阿拉伯)伊本·凯西尔

示例 7:EINSTEIN A　原题:Albert Einstein

示例 8:WILLIAMS‒ELLIS A　原题:Amabel Williams‒Ellis

示例 9:DE MORGAN A　原题:Augustus De Morgan

示例 10:LI Jiangning　原题:Li Jiangning

示例 11:LI J N　原题:Li Jiangning

8.1.2 著作方式相同的责任者不超过 3 个时,全部照录。超过 3 个时,著录前 3 个责任者,其后加",等"或与之相应的词

示例 1:钱学森 ,刘再复　　原题:钱学森 刘再复

示例 2:李四光,华罗庚,茅以升　原题:李四光 华罗庚 茅以升

示例 3:印森林,吴胜和,李俊飞,等　原题:印森林 吴胜和 李俊飞 冯文杰

示例 4:FORDHAM E W,ALI A,TURNER D A,et al.

原题:Evenst W. Fordham Amiad Ali David A. Turner John R. Charters.

8.1.3 无责任者或者责任者情况不明的文献,"主要责任者"项应注明"佚

名"或与之相应的词。凡采用顺序编码制组织的参考文献可省略此项,直接著录题名。

示例: Anon,1981. Coffee drinking and cancer of the pancreas[J]. Br Med J,283(6292):628.

8.1.4 凡是对文献负责的机关团体名称,通常根据著录信息源著录。机关团体名称应由上至下分级著录,上下级间用"."分隔,用汉字书写的机关团体名称除外。

示例1: 中国科学院物理研究所

示例2: 贵州省土壤普查办公室

示例3: American Chemical Society

示例4: Stanford University. Department of Civil Engineering

8.2 题名

题名包括书名、刊名、报纸名、专利题名、报告名、标准名、学位论文名、档案名、舆图名、析出的文献名等。题名按著录信息源所载的内容著录。

示例1: 王夫之"乾坤并建"的诠释面向

示例2: 张子正蒙注

示例3: 化学动力学和反应器原理

示例4: 袖珍神学,或,简明基督教词典

示例5: 北京师范大学学报(自然科学版)

示例6: Gases in sea ice 1975 – 1979

示例7: J Math & Phys

8.2.1 同一责任者的多个合订题名,著录前3个合订题名。对于不同责任者的多个合订题名,可以只著录第一个或处于显要位置的合订题名。在参考文献中不著录并列题名。

示例 1：为人民服务；纪念白求恩；愚公移山

原题：为人民服务　纪念白求恩　愚公移山　毛泽东著

示例 2：大趋势　　　**原题**：大趋势 Megatrends

8.2.2 文献类型标识（含文献载体标识）宜依附录 B《文献类型和文献载体标识代码》著录。电子资源既要著录文献类型标识，也要著录文献载体标识。本标准根据文献类型及文献载体的发展现状作了必要的补充。

8.2.3 其他题名信息根据信息资源外部特征的具体情况决定取舍。其他题名信息包括副题名，说明题名文字，多卷书的分卷书名、卷次、册次，专利号，报告号，标准号等。

示例 1：地壳运动假说：从大陆漂移到板块构造[M]

示例 2：三松堂全集：第 4 卷[M]

示例 3：世界出版业：美国卷[M]

示例 4：ECL 集成电路：原理与设计[M]

示例 5：中国科学技术史：第 2 卷 科学思想史[M]

示例 6：商鞅战秋菊：法治转型的一个思想实验[J]

示例 7：中国科学：D 辑 地球科学[J]

示例 8：信息与文献—都柏林核心元数据元素集：GB/T 25100—2010[S]

示例 9：中子反射数据分析技术：CNIC-01887[R]

示例 10：Asian Pacific journal of cancer prevention：e-only

8.3　版本

第 1 版不著录，其他版本说明应著录。版本用阿拉伯数字、序数缩写形式或其他标识表示。古籍的版本可著录"写本""抄本""刻本""活字本"等。

示例 1：3 版　　　**原题**：第三版

示例 2：新 1 版　　　**原题**：新 1 版

示例 3：明刻本　　　　**原题**：明刻本

示例 4：5th ed.　　　　**原题**：Fifth edition

示例 5：Rev. ed.　　　 **原题**：Revised edition

8.4　出版项

出版项应按出版地、出版者、出版年顺序著录。

示例 1：北京：人民出版社,2013

示例 2：New York：Academic Press,2012

8.4.1　出版地

8.4.1.1　出版地著录出版者所在地的城市名称。对同名异地或不为人们熟悉的城市名,宜在城市名后附省、州名或国名等限定语。

示例 1：Cambridge,Eng.

示例 2：Cambridge,Mass.

8.4.1.2　文献中载有多个出版地,只著录第一个或处于显要位置的出版地。

示例 1：北京：科学出版社,2013

原题：科学出版社　北京　上海　2013

示例 2：London：Butterworths,2000

原题：Butterworths London Boston Durban Syngapore Sydney Toronto Wellington 2000

8.4.1.3　无出版地的中文文献著录"出版地不详",外文文献著录"S. l. ",并置于方括号内。无出版地的电子资源可省略此项。

示例 1：[出版地不详]：三户图书刊行社,1990

示例 2：[S. l.]：MacMillan,1975

示例 3：Open University Press,2011：105[2014 - 06 - 16]. http：//lib. my-ilibrary. com/Open. aspx？id = 312377

8.4.2 出版者

8.4.2.1 出版者可以按著录信息源所载的形式著录,也可以按国际公认的简化形式或缩写形式著录。

示例1:中国标准出版社　　　　　　原题:中国标准出版社

示例2:Elsevier Science Publishers　原题:Elsevier Science Publishers

示例3:IRRI　　　　　　　　　　　原题:International Rice Research Institute

8.4.2.2 文献中载有多个出版者,只著录第一个或处于显要位置的出版者。

示例:Chicago:ALA,1978

原题:American Library Association/ Chicago　Canadian Library Association/Ottawa 1978

8.4.2.3 无出版者的中文文献著录"出版者不详",外文文献著录"s. n.",并置于方括号内。无出版者的电子资源可省略此项。

示例1:哈尔滨:[出版者不详],2013

示例2:Salt Lake City:[s. n.],1964

8.4.3 出版日期

8.4.3.1 出版年采用公元纪年,并用阿拉伯数字著录。如有其他纪年形式时,将原有的纪年形式置于"( )"内。

示例1:1947(民国三十六年)

示例2:1705(康熙四十四年)

8.4.3.2 报纸的出版日期按照"YYYY－MM－DD"格式,用阿拉伯数字著录。

示例:2013－01－08

8.4.3.3 出版年无法确定时,可依次选用版权年、印刷年、估计的出版年。估计的出版年应置于方括号内。

示例 1：c1988

示例 2：1995 印刷

示例 3：[1936]

8.4.4 公告日期、更新日期、引用日期

8.4.4.1 依据 GB/T 7408—2005 专利文献的公告日期或公开日期按照"YYYY – MM – DD"格式,用阿拉伯数字著录。

8.4.4.2 依据 GB/T 7408—2005 电子资源的更新或修改日期、引用日期按照"YYYY – MM – DD"格式,用阿拉伯数字著录。

示例：(2012 – 05 – 03)[2013 – 11 – 12]

8.5 页码

专著或期刊中析出文献的页码或引文页码,应采用阿拉伯数字著录(参见 8.8.2、10.1.3、10.2.4)。引自序言或扉页题词的页码,可按实际情况著录。

示例 1：曹凌. 中国佛教疑伪经综录[M]. 上海：上海古籍出版社,2011：19.

示例 2：钱学森. 创建系统学[M]. 太原：山西科学技术出版社,2001：序 2 – 3.

示例 3：冯友兰. 冯友兰自选集[M]. 2 版. 北京：北京大学出版社,2008：第 1 版自序.

示例 4：李约瑟. 题词[M]//苏克福,管成学,邓明鲁. 苏颂与《本草图经》研究. 长春：长春出版社,1991：扉页.

示例 5：DUNBAR K L, MITCHELL D A. Revealing nature's synthetic potential through the study of ribosomal natural product biosynthesis[J/OL]. ACS chemical biology,2013,8：473 – 487[2013 – 10 – 06]. http://pubs.acs.org/doi/pdfplus/10.1021/cb3005325.

8.6 获取和访问路径

根据电子资源在互联网中的实际情况,著录其获取和访问路径。

示例1:储大同. 恶性肿瘤个体化治疗靶向药物的临床表现[J/OL]. 中华肿瘤杂志,2010,32(10):721-724[2014-06-25]. http://vip. calis. edu. cn/asp/Detail. asp.

示例2:WEINER S. Microarchaeology:beyond the visible archaeological record[M/OL]. Cambridge,Eng. :Cambridge University Press Textbooks,2010:38[2013-10-14]. http:// lib. myilibrary. com/Open. aspx? id=253897.

8.7 数字对象唯一标识符

获取和访问路径中不含数字对象唯一标识符时,可依原文如实著录数字对象唯一标识符。否则,可省略数字对象唯一标识符。

示例1:获取和访问路径中不含数字对象唯一标识符

刘乃安. 生物质材料热解失重动力学及其分析方法研究[D/OL]. 安徽:中国科学技术大学,2000:17-18[2014-08-29]. http:// wenku. baidu. com/link? url=GJDJxb4lxBUXnIPmq1XoEGSIr1H8TML. bidW_LjlYu33tpt707u62rKliyp U_FBGUmox7ovPNaVIVBALAMd5yfwuKUUOAGYuB7cuZ-BYEhXa. DOI:10.7666/d. y351065.

(该书数字对象唯一标识符为:DOI:10.7666/d. y351065)

示例2:获取和访问路径中含数字对象唯一标识符

DEVERELL W, IGLER D. A companion to California history[M/OL]. New York:John Wiley & Sons,2013:21-22(2013-11-15)[2014-06-24]. http://onlinelibrary. wiley. com/doi/10. 1002/9781444305036. ch2/summary.

(该书数字对象唯一标识符为:DOI:10.1002/9781444305036. ch2)

8.8 析出文献

8.8.1 从专著中析出有独立著者、独立篇名的文献按4.2的有关规定著录,其析出文献与源文献的关系用"//"表示。凡是从报刊中析出具有独立著者、独立篇名的文献按 4.4 的有关规定著录,其析出文献与源文献的关系用"."表示。关于引文参考文献的著录与标识参见 10.1.3 与 10.2.4。

示例1:姚中秋. 作为一种制度变迁模式的"转型"[M]//罗卫东,姚中秋. 中国转型的理论分析:奥地利学派的视角.

杭州:浙江大学出版社,2009:44.

示例2:关立哲,韩纪富,张晨珏. 科技期刊编辑审读中要注重比较思维的科学运用[J]. 编辑学报,2014,26(2):144-146.

示例3:TENOPIR C. Online databases:quality control[J]. Library journal,1987,113(3):124-125.

8.8.2 凡是从期刊中析出的文章,应在刊名之后注明其年、卷、期、页码。阅读型参考文献的页码著录文章的起讫页或起始页,引文参考文献的页码著录引用信息所在页。

示例1:2001,1(1):5-6

   年 卷期 页码

示例2:2014,510:356-363

   年 卷 页码

示例3:2010(6):23

   年 期 页码

示例4:2012,22(增刊2):81-86

   年 卷 期 页码

8.8.3 对从合期中析出的文献。按 8.8.2 的规则著录,并在圆括号内注明合期号。

示例:2001(9/10):36-39

   年 期 页码

8.8.4 凡是在同一期刊上连载的文献,其后续部分不必另行著录,可在原参考文献后直接生明后续部分的年、卷、期、页码等。

示例：2011.33(2):20-25;2011.11(0):26-30

   年 卷期 页码 年 卷 期 页码

8.8.5 凡是从报纸中析出的文献，应在报纸名后著录其出版日期与版次。

示例：2013-03-16（1）

   年 月 日版次

9 参考文献表

参考文献表可以按顺序编码制组织，也可以按著者-出版年制组织。引文参考文献既可以集中著录在文后或书末，也可以分散著录在页下端。阅读型参考文献著录在文后。书的各章节后或书末。

9.1 顺序编码制

参考文献表采用顺序编码制组织时，各篇文献应按正文部分标注的序号依次列出（参见10.1）。

示例：

［1］BAKER S K, JACKSON M E. The future of resource sharing［M］. NewYork：The Haworth Press, 1995.

［2］CHERNIK B E. Introduction to library servies for Library technicians［M］. Littleton, Colo：Libraries Unlim-ited, Inc. 1982.

［3］尼葛洛庞帝. 数字化生存［M］. 胡泳, 范海燕, 译. 海口：海南出版社, 1996.

［4］汪冰. 电子图书馆理论与实践研究［M］. 北京：北京图书馆出版社, 1997：16.

［5］杨宗英. 电子图书馆的现实模型［J］. 中国图书馆学报, 1996(2):24-29.

［6］DOWLER L. The research university's dilemma: resource sharing and reserch in a transinstitutional environment[J]. Journal library administration, 1995, 21(1/2): 5-26.

9.2 著者-出版年制

参考文献表采用著者-出版年制组织时,各首文献首先按文种集中,可分为中文、日文、西文、俄文、其他文种5部分;然后按著者字顺和出版年排列。中文文献可以按著者汉语拼音字顺排列(参见10.2),也可以按著者的笔画笔顺排列。

示例:

［1］尼葛洛庞帝,1996. 数字化生存[M]. 胡泳,范海燕,译. 海口:海南出版社.

［2］汪冰,1997. 电子图书馆理论与实践研究[M]. 北京:北京图书馆出版社:16.

［3］杨宗英,1996. 电子图书馆的现实模型[J]. 中国图书馆学报(2):24-29.

［4］DOWLER L, 1995. The research university's dilemma: resource sharing and reserch in a transinstitutional environment[J]. Journal of library administration, 21(1/2): 5-26.

10 参考文献标注法

正文中引用的文献的标注方法可以采用顺序编码制,也可以采用著者-出版年制。

10.1 顺序编码制

10.1.1 顺序编码制是按正文中引用的文献出现的先后顺序连续编码,将序号置于方括号中。如果顺序编码制用脚注方式时,序号可由计算机自动生成圈码。

  示例1：引用单幅文献，序号置于方括号中

  ……德医学者 N. 克罗斯研究了瑞士巴塞尔市附近侏罗山中老第三纪断裂对第三系褶皱的控制[235]，之后，他又描述了西里西亚第3条大型的近南北向构造带，并提出地槽是在不均一的块体的基底上发展的思想[236]。

  …………

  示例2：引用单篇文献，序号由计算机自动生成圈码

  ……所谓"移情"，就是"说话人将自己认同于……他用句子所描写的事件或状态中的一个参与者"①。《汉语大词典》和张相②都认为"可"是"痊愈"，侯精一认为是"减轻"③，……另外，根据侯精一，表示病痛程度减轻的形容词"可"和表示逆转否定的副词"可"是兼类词④，这也说明二者应该存在着源流关系。

  …………

10.1.2 同一处引用多篇文献时，应将各篇文献的序号在方括号内全部列出，各序号间用","。如遇连续序号，起讫序号间用短横线连接。此规则不适用于用计算机自动编码的序号。

  示例：引用多篇文献

  裴伟[570.83]提出……

  莫拉德对稳定区的节理格式的研究[255-256]……

10.1.3 多次引用同一著者的同一文献时，在正文中标注首次引用的文献序号，并在序号的"[ ]"外著录引文页码。如果用计算机自动编序号时，应重复著录参考文献，但参考文献表中的著录项目可简化为文献序号及引文页码，参见本条款的示例2。

  示例1：多次引用同一著者的同一文献的序号

……改变社会规范也可能存在类似的"二阶囚徒困境"问题:尽管改变旧的规范对所有人都好,但个人理性选择使得没有人愿意率先违反旧的规范[1]。……事实上,古希腊对轴心时代思想真正的贡献不是来自对民主的赞扬,而是来自对民主制度的批评,苏格拉底、柏拉图和亚里士多德3位贤圣都是民主制度的坚决反对者[2]260。……柏拉图在西方世界的影响力是如此之大以至于有学者评论说,一切后世的思想都是一系列为柏拉图思想所作的脚注[3]。……据《唐会要》记载,当时拆毁的寺院有4600余所,招提、兰若等佛教建筑4万余所,没收寺产,并强迫僧尼还俗达260500人。佛教受到极大的打击[2]326-329。……陈登原先生的考证是非常精确的,他印证了《春秋说题辞》"黍者绪也,故其立字,禾入米为黍,为酒以扶老,为酒以序尊卑,禾为柔物,亦宜养老",指出:"以上谓等威之辨,尊卑之序,由于饮食荣辱。"[4]

参考文献:

[1] SUNSTEIN C R. Social norms and social roles[J/OL]. Columbia law review, 1996, 96: 903 [2012-01-26]. http://www.heinonline.org/HOL/Page?handle=hein.journals/clr96&id=913&collection=journals&index=journals/clr.

[2] MORRI I. Why the west rules for now: the patterns of history, and what they reveal about the future[M]. New York: Farrar, Straus and Giroux, 2010.

[3] 罗杰斯. 西方文明史:问题与源头[M]. 潘惠霞,魏婧,杨艳,等译. 大连:东北财经大学出版社,2011:15-16.

[4] 陈登原, 国史旧闻:第1卷[M]. 北京:中华书局,2000:29.

示例2:多次引用同一著者的同一文献的脚注序号

……改变社会规范也可能存在类似的"二阶囚徒困境"问题:尽管改变旧的规范对所有人都好,但个人理性选择使得没有人愿意率先违反旧的规范①。

……事实上,古希腊对轴心时代思想真正的贡献不是来自对民主的赞扬,而是来自对民主制度的批评,苏格拉底、柏拉图和亚里士多德 3 位贤圣都是民主制度的坚决反对者②。……柏拉图在西方世界的影响力是如此之大以至于有学者评论说,一切后世的思想都是一系列为柏拉图思想所作的脚注③。……据《唐会要》记载,当时拆毁的寺院有 4600 余所,招提、兰若等佛教建筑 4 万余所,没收寺产,并强迫僧尼还俗达 260500 人。佛教受到极大的打击④。……陈登原先生的考证是非常精确的,他印证了《春秋说题辞》"黍者绪也,故其立字,禾入米为黍,为酒以扶老,为酒以序尊卑,禾为柔物,亦宜养老",指出:"以上谓等威之辨,尊卑之序,由于饮食荣辱。"⑤

参考文献:

[1] SUNSTEIN C R. Social norms and social roles[J/OL],Columbia law review,1996,96:903[2012 – 01 – 26]. http://www.heinonline.org/HOL/Page?handle = hein.journals/clr96&id = 913&collection = journals&index = journals/clr.

[2] MORRI I. Why the west rules for now:the patterns of history,and what they reveal about the future[M]. New York:Farrar,Straus and Giroux,2010:260.

[3] 罗杰斯. 西方文明史:问题与源头[M]. 潘惠霞,魏婧,杨艳,等译. 大连:东北财经大学出社,2011:15 – 16.

[4] 同②326 – 329.

[5] 陈登原,国史旧闻:第 1 卷[M]. 北京:中华书局,2000:29.

10.2 著者 – 出版年制

10.2.1 正文引用的文献采用著者 – 出版年制时,各篇文献的标注内容由著者姓氏与出版年构成,并置于"( )"内。倘若只标注著者姓氏无法识别该人名时,可标注著者姓名,例如中国人、韩国人、日本人用汉字书写的姓名。集体著者著述的文献可标注机关团体名称。倘若正文中已提及著者姓名,则在其后的"( )"内只著录出版年。

示例:引用单篇文献

The notion an invisible college has been explored in the sciences(Crane,1972). Its absence among historians was noted by Stieg(1981)…

参考文献:

CRANED,1972. Invisible college[M]. Chicago:Univ. of Chicago Press.

STIEG M F,1981. The information needs of historians[J]. College and research libraries,42(6):549–560.

10.2.2 正文中引用多著者文献时,对欧美著者只需标注第一个著者的姓,其后附"et al.";对于中国著者应标注第一著者的姓名,其后附"等"字。姓氏与"et al.""等"之间留适当空隙。

10.2.3 在参考文献表中著录同一著者在同一年出版的多篇文献时,出版年后应用小写字母 a,b,c…区别。

示例1:引用同一著者同年出版的多篇中文文献

王临惠,等,2010a. 天津方言的源流关系刍议[J]. 山西师范大学学报(社会科学版). 37(4):147.

王临惠,2010b. 从几组声母的演变看天津方言形成的自然条件和历史条件[C]//曹志耘. 汉语方言的地理语言学研究:首届中国地理语言学国际学术研讨会论文集. 北京:北京语言大学出版社:138.

示例2:引用同一著者同年出版的多篇英文文献

KENNEDY W J,GARRISON R E,1975a. Morphology and genesis of nodular chalks and hardgrounds in the Upper Cretaceous of southern England[J]. Sedimentology,22:311.

KENNEDY W J,GARRISON R E,1975b. Morphology and genesis of nodular phosphates in the cenomanian of South – east England[J]. Lethaia,8：339.

10.2.4　多次引用同一著者的同一文献,在正文中标注著者与出版年,并在"( )"外以角标的形式著录引文页码。

示例:多次引用同一著者的同一文献

主编靠编辑思想指挥全局已是编辑界的共识(张忠智,1997),然而对编辑思想至今没有一个明确的界定,故不妨提出一个构架……参与讨论。由于"思想"的内涵是"客观存在反映在人的意识中经过思维活动而产生的结果"(中国社会科学院语言研究所词典编辑室,1996)[1194],所以"编辑思想"的内涵就是编辑实践反映在编辑工作者的意识中,"经过思维活动而产生的结果"。……《中国青年》杂志创办人追求的高格调——理性的成熟与热点的凝聚(刘彻东,1998),表明其读者群的文化的品位的高层次……"方针"指"引导事业前进的方向和目标"(中国社会科学院语言研究所词典编辑室,1996)[235]。……对编辑方针,1981 年中国科协副主席裴丽生曾有过科学的论断——"自然科学学术期刊应坚持以马列主义、毛泽东思想为指导,贯彻为国民经济发展服务,理论与实践相结合,普及与提高相结合,'百花齐放,百家争鸣'的方针。"(裴丽生,1981)它完整地回答了为谁服务,怎样服务,如何服务得更好的问题。

…………

参考文献:

裴丽生,1981. 在中国科协学术期刊编辑工作经验交流会上的讲话[C]//中国科学技术协会,中国科协学术期刊编辑工作经验交流会资料选. 北京:中国科学技术协会学会工作部:2 – 10.

刘彻东,1998.中国的青年刊物:个性特色为本[J].中国出版(5):38-39.

张忠智,1997.科技书刊的总编(主编)的角色要求[C]//中国科学技术期刊编辑学会.中国科学技术期刊编辑学会建会十周年学术研讨会论文汇编.北京:中国科学技术期刊编辑学会学术委员会:33-34.

中国社会科学院语言研究所词典编辑室,1996.现代汉语词典[M].修订本.北京:商务印书馆.

…………